AF281500

Volker Wahl

Die
Botschaft Joels
an das 21. Jahrhundert

Warum das biblische Buch Joel
für unsere Zeit geschrieben wurde

Über das Buch:

Kann ein Buch wie die Bibel ernsthaft eine Relevanz für die heutige Zeit haben? Kann das Buch Joel, das vor mehr als 2000 Jahren geschrieben wurde, den Menschen im digitalen Zeitalter helfen, unsere Zeit zu verstehen?
Lassen Sie sich überraschen, wie eindeutig diese Fragen mit einem klaren "JA" zu beantworten sind.
Entdecken Sie das biblische Buch Joel.
Staunen Sie, wie genau es die Probleme unserer Zeit beschreibt und auch deren Lösungen nennt. Die Botschaft des biblischen Propheten Joel und jeder einzelne seiner Verse wird hier konsequent in den biblischen und neuzeitlichen Zusammenhang gebracht. Wer Joels Worte ernst nimmt, darf Hoffnung haben, trotz aller Herausforderungen unserer Zeit.

Über den Autor:

Volker Wahl hat vor vielen Jahrzehnten eine bewusste Entscheidung für Jesus Christus getroffen und arbeitet seitdem in seiner Freizeit in vielen Bereichen des Gemeindelebens mit.

Abkürzungen biblischer Bücher

1. Altes Testament

1Mo	1. Mose (Genesis)
2Mo	2. Mose (Exodus)
3Mo	3. Mose (Levitikus)
4Mo	4. Mose (Numeri)
5Mo	5. Mose (Deuteronomium)
Jos	Josua
Ri	Richter
Rt	Rut
1Sam	1. Samuel
2Sam	2. Samuel
1Kö	1. Könige
2Kö	2. Könige
1Chr	1. Chronik
2Chr	2. Chronik
Esr	Esra
Neh	Nehemia
Est	Ester
Hi	Hiob
Ps	Psalmen
Spr	Sprüche
Pred	Prediger
Hl	Hoheslied
Jes	Jesaja
Jer	Jeremia
Kla	Klagelieder
Hes	Hesekiel
Dan	Daniel
Hos	Hosea
Joe	Joel
Am	Amos
Ob	Obadja
Jon	Jona
Mi	Micha
Nah	Nahum
Hab	Habakuk
Zeph	Zephanja
Hag	Haggai
Sach	Sacharja
Mal	Maleachi

Elb	Elberfelder Bibel
Hfa	Hoffnung für alle
Lut	Bibel nach Martin Luther

2. Neues Testament

Mt	Matthäus
Mk	Markus
Lk	Lukas
Joh	Johannes
Apg	Apostelgeschichte
Röm	Römer
1Kor	1. Korinther
2Kor	2. Korinther
Gal	Galater
Eph	Epheser
Phil	Philipper
Kol	Kolosser
1Thes	1. Thessalonicher
2Thes	2. Thessalonicher
1Tim	1. Timotheus
2Tim	2. Timotheus
Tit	Titus
Phim	Philemon
Hebr	Hebräer
Jak	Jakobus
1Petr	1. Petrus
2Petr	2. Petrus
1Jo	1. Johannes
2Jo	2. Johannes
3Jo	3. Johannes
Jud	Judas
Offb	Offenbarung

Die Bibelstellen in diesem Buch werden entweder mit diesen Abkürzungen angegeben oder in voller Länge ausgeschrieben. Die Bibelzitate sind, soweit nicht anders angegeben der Elberfelder Bibel 2006, © 2006 by SCM R.Brockhaus in der SCM Verlagsgruppe GmbH, Witten/Holzgerlingen entnommen.
Weitere verwendete Bibelausgaben sind: Hoffnung für alle   Copyright © 1983, 1996, 2002, 2015 by Biblica, Inc.
Die Bibel nach Martin Luthers Übersetzung, revidiert 2017, © 2016 Deutsche Bibelgesellschaft, Stuttgart.
King James Version (Public Domain)
Angaben zu weiterführender Literatur finden Sie in den Anmerkungen im Anhang.

Impressum
Copyright: © 2023 Volker Wahl
1. Auflage

Herstellung und Verlag:
BoD – Books on Demand, Norderstedt
ISBN: 978-3-7578-1274-4

Bibliografische Information
der Deutschen Nationalbibliothek:
Die Deutsche Nationalbibliothek verzeichnet
diese Publikation in der Deutschen Nationalbibliografie;
detaillierte bibliografische Daten sind im Internet über
dnb.dnb.de abrufbar.

Inhaltsverzeichnis

1. Einführung

„Heute ist diese Schrift vor euren Ohren erfüllt", hat Jesus im vierten Kapitel des biblischen Lukasevangeliums in einer Synagoge in Nazareth seiner Zuhörerschaft gesagt und wurde dann kurz darauf aus der Stadt hinausgestoßen (Lk 4,21-30). Was hatte die Volksmenge damals derart in Rage versetzt, dass sie einen Prediger, der später von vielen Menschen als Messias anerkannt wurde, mit Gewalt des Ortes verwies?

Jesus hatte sich auf die alten Schriften des Propheten Jesaja bezogen. Dieser Prophet hatte zwischen 740 und 701 v. Chr. im damaligen Südreich Juda gewirkt.[1] Das Jesajabuch, als alttestamentlicher Teil der Bibel, besteht aus zwei Hauptteilen. Der erste Teil (Kapitel 1-39) enthält Gerichtsbotschaften. Im zweiten Teil (Kapitel 40-66) überwiegen der Trost und die Ankündigung der Rettung.[2]

Es lagen also mehr als 700 Jahre zwischen Jesu Worten und der Niederschrift des prophetischen Textes aus Jesaja 61,1-2: „Der Geist des Herrn, HERRN, ist auf mir; denn der HERR hat mich gesalbt. Er hat mich gesandt, den Elenden frohe Botschaft zu bringen, zu verbinden, die gebrochenen Herzens sind, Freilassung auszurufen den Gefangenen und Öffnung des Kerkers den Gebundenen, auszurufen das Gnadenjahr des HERRN und den Tag der Rache für unsern Gott, zu trösten alle Trauernden."

Mehr als 700 Jahre hatte es gebraucht, damit die Ereignisse geschahen, die der Prophet Jesaja in einer Vision gesehen hatte.

Offenbar lag das, was Jesaja gesehen hatte, so weit in der Zukunft, dass 700 Jahre später kaum jemand mit dem Wahrwerden der Prophezeiung rechnete, oder man die Texte so starr auslegte, dass die Erfüllung durch Jesus nicht in dieses Konzept passte.

Auf jeden Fall konnte Jesaja mit Gottes Hilfe, in seiner Vision, mehrere hundert Jahre in die Zukunft sehen. Im vierten, dritten und zweiten Jahrhundert vor unserer Zeitrechnung, zu den Zeiten, als Alexander der Große und danach die Ptolemäer und Seleukiden über Palästina herrschten[3], mussten Prophezeiungen von Trost und Rettung völlig absurd wirken. Und auch als Jesus, der Gottessohn und Erlöser, sich auf Jesaja bezog, glaubte ihm erst einmal niemand.

Aber Jesu Predigt in Lukas 4 zeigt, dass Prophetien nicht immer nur an Menschen gerichtet sind, die zur gleichen Zeit wie die Propheten leben, sondern dass durchaus auch mehrere Generationen dazwischen liegen können.

An anderer Stelle wird Jesus gefragt, durch welche Zeichen man die Erfüllung einer Prophetie erkennt. „Lehrer, wann wird denn dies sein, und was ist das Zeichen, wann dies geschehen soll?", ist die Frage in Lukas 21,7. Jesus antwortet mit einer langen Liste von zukünftigen Geschehnissen und schließt mit: „Wenn aber diese Dinge anfangen zu geschehen, so blickt auf und hebt eure Häupter empor, weil eure Erlösung naht". (Vers 28)

Wir sehen, es gibt Zeichen, die uns hinweisen sollen auf das Eintreffen biblischer Prophezeiungen. Und es können durchaus Jahrhunderte zwischen einer Vision und deren Erfüllung liegen.

Bei all der Suche nach Zeichen, die auf biblische Prophezeiungen hinweisen, ist natürlich ein kritisches Hinterfragen wichtig. Der weitaus überwiegende Teil der Geschehnisse, die das private Leben oder die globalen Ereignisse betreffen, sind sicher mit keiner Prophezeiung in Verbindung zu bringen. Beinahe alle Generationen der vergangenen Jahrtausende mussten Katastrophen von nahezu biblischen Ausmaßen erleben, aber letztlich war es niemals das göttliche Endgericht, das Jesus in Lk 21,28 erwähnte.

Immer wieder wurde in den vergangenen zwei Jahrtausenden der „Jüngste Tag" angekündigt. Meist mit Hinweisen auf biblische Prophezeiungen, manchmal sogar mit raffinierten Berechnungen, wie es der Prediger William Miller gemacht hatte.[4] Ausgehend von der Frage eines Engels im achten Kapitel des biblischen Danielbuches „Wie lange wird es verboten sein, jeden Tag zu opfern?", deutete er die 2300 Abende und Morgen in der Antwort so, dass „ein Tag für ein Jahr gilt". Mithilfe weiterer Berechnungen kam er auf den 22. Oktober 1844 als Datum der Wiederkunft Jesu. Jedoch hat sich das nachweislich als falsch herausgestellt.

Man sieht, dass beinahe alle Versuche, die biblischen Vorhersagen richtig zu deuten, mit Fehlschlägen verbunden waren. Daher ist es nicht verwunderlich, dass sich in der heutigen Zeit kaum ein ernstzunehmender Prediger wagt, prophetische Bibeltexte mit aktuellen Ereignissen in Verbindung zu bringen. Solche Deutungen überlässt man gerne Sekten und religiösen Sonderlingen, denn die Chance, dass der Ausleger mit seiner Interpretation einer Prophetie richtig liegt, ist astronomisch gering.

Sollte man deshalb prinzipiell darauf verzichten, die Visionen der biblischen Propheten mit der heutigen Zeit in Verbindung zu bringen? Das wäre sicher übertrieben, denn Jesus hat ja in Lukas 21 eine Vielzahl von Zeichen genannt, die wir erkennen sollen und erklärt: „So blickt auf und hebt eure Häupter empor, weil eure Erlösung naht". (Vers 28)

Und Petrus, einer der Jünger Jesu, zitiert ebenfalls einen alttestamentlichen Propheten in einer Predigt, anlässlich einer heilsgeschichtlichen Schlüsselsituation, nämlich des Pfingstereignisses. Der Prophet Joel hat die Ausgießung des Heiligen Geistes angekündigt, was sich nach Jesu Tod und Auferstehung auch unter den Jüngern erfüllt hat. Somit zeigte sich, dass auch Joel Visionen von zukünftigen Ereignissen hatte. Doch Joels Botschaft ist nicht nur auf das Pfingstereignis im ersten Jahrhundert nach Christi Geburt beschränkt. Joel spricht von den „letzten Tagen" und vom „Tag des HERRN".

Wenn uns Jesus auffordert, wachsam auf die Zeichen der Zeit zu schauen und wir darauf vertrauen dürfen, dass Propheten wie Joel schon vor vielen Jahrhunderten zukünftige Ereignisse von Gott gezeigt bekamen, dann lohnt sich eine Gegenüberstellung der biblischen Texte mit aktuellen Geschehnissen.

Dazu möchte Sie dieses Buch einladen.

Nach einigen einleitenden Kapiteln wird der Text des Joelbuches chronologisch erarbeitet und ausgelegt. Dabei steigen wir Vers für Vers tiefer in die Botschaft Gottes ein, die uns Joel hinterlassen hat. Das Prinzip, uns versweise mit dem Text auseinanderzusetzen, mag den Anschein erregen, die Verse würden unabhängig voneinander ausgelegt. Das ist allerdings nicht der Fall.

Die Joelprophetie wird in diesem Buch als eine einheitliche, zusammenhängende Botschaft verstanden. Als Grundlage für die Auslegung eines einzigen Verses, ohne Berücksichtigung des restlichen Joelbuches ist dieses Buch ausdrücklich nicht gedacht, denn für das tiefere Verständnis eines einzelnen Verses sollte man auch die Informationen zu den vorangegangenen Versen gelesen haben.

So wie das Joelbuch in seiner Gesamtheit zu den Menschen der heutigen Zeit sprechen will, so soll auch dieses Buch als Ganzes dabei helfen, die Botschaft im Kontext unserer Gegenwart zu verstehen.

Lassen Sie sich überraschen, wie konkret Joel in diese Zeit und auch zu Ihnen spricht.

2. Was ist ein Prophet?

Eine sehr knappe Beschreibung, was einen Propheten ausmacht, findet man auf wissen.de.[5] Dort wird ein Prophet beschrieben als „Empfänger einer göttlichen Offenbarung durch Gesichte (Vision) oder Hören (Audition) und Künder des Gotteswillens oder des Verborgenen und des Zukünftigen. Verschiedentlich bildeten die Propheten einen eigenen Stand (ursprünglich im Alten Testament; als Priester im römischen Isis- und Serapiskult). Besondere Bedeutung haben die großen Prophetengestalten im Alten Testament als Empfänger, Verkünder und Vollstrecker des Wortes Gottes, besonders von Gericht und Verheißung (Moses, Elias, Elisa), seit dem 8. Jahrhundert v. Chr. (Amos) auch durch Prophetenbücher überliefert. Im Neuen Testament Johannes der Täufer und besonders Jesus als Erfüllung und Vollstrecker der Prophetie des Alten Testaments."

Die primäre Aufgabe eines Propheten war also die Verkündigung des Gotteswillens, unabhängig, ob sich dies nun auf die Gegenwart oder die Zukunft bezog. Allerdings erfüllten sich biblische Prophetien oftmals erst in der Zukunft. Joels Ankündigung des Heiligen Geistes traf offensichtlich erst mehrere Jahrhunderte nach der Niederschrift ein.

Das antike Israel war androzentrisch. Das heißt, trotz mancher Ausnahmen wurden alle übergeordneten öffentlichen Ämter (z.B. Rechtsprechung) sowie repräsentative Aufgaben in Familie und Gesellschaft von Männern ausgeführt.[6] Jedoch war die Position einer Prophetin auch für Frauen zugängig. Biblische Beispiele dafür im Alten Testament sind[7]: Mirjam (2Mo 15,20), Debora (Ri 4,4), Hulda (2Kö 22,14), Noadja (Neh 6,14), die Frau des Propheten Jesaja (Jes 8,3).

Die Ankündigung eines Propheten muss nicht zwangsläufig immer eintreffen, da Gott mit seinen Ankündigungen stets auch eine Wirkung hervorrufen will. Ein recht bekanntes Beispiel dafür ist die Geschichte von Jona, der verkündigen sollte: „Noch vierzig Tage und Ninive ist zerstört." (Jona 3,4) Doch dann kam es anders: „Und Gott sah ihre Taten, dass sie von ihrem bösen Weg umkehrten. Und Gott ließ sich das Unheil gereuen, das er ihnen zu tun angesagt hatte, und er tat es nicht." (Jona 3,10) Jona wusste schon im Vorhinein, dass Gott souverän ist und deshalb seine Entscheidung revidieren kann, wenn die Botschaft des Propheten (Verkünders) seine Wirkung gezeigt hat. Im Fall von Jona, die Reue der Menschen, ihr Glaube an Gott, ihr Fasten, ...!

Über Jesus berichtet das Neue Testament an mehreren Stellen, dass er im Laufe seines Wirkens auch als Prophet anerkannt wurde: Mt 21,11; Mt 21,46; Lk 7,16; Lk 24,19; Joh 4,19.

Zu den Zeiten des Alten Testaments gehörten Propheten wohl zu so etwas wie einer „Berufsgruppe.[8] Erwähnt werden diese Gruppen als „Prophetenjünger", „Prophetenschüler", „Söhne der Propheten" oder mit weiteren Bezeichnungen. Einige Beispiele dafür sind: 1Kö 20,35; 2Kö 2,3; 2Kö 6,1. Dennoch war die Fähigkeit der Prophetie eine Gabe Gottes und keine erlernte Fertigkeit.

3. JHWH – HERR – Gott

Laut einer Umfrage zufolge besitzt jeder Zweite in Deutschland eine Bibel. Wie aus einer vom Meinungsforschungsinstitut Insa beim Christlichen Medienkongress in Schwäbisch Gmünd 2018 präsentierten Studie hervorgeht, gaben nur sechs Prozent der Bevölkerung an, regelmäßig in der Bibel zu lesen.[9]

Noch geringer ist wahrscheinlich der Anteil der Menschen, die den Text der Einführung in ihre persönliche Bibel gelesen und verstanden haben. Weil auch sonst der Anteil der Gottesdienstbesucher und Predigthörer rückläufig ist, bleibt vielen Menschen, die sich Christen nennen, unbekannt weshalb das Wort „HERR" in aktuellen Bibeln häufig in Großbuchstaben geschrieben wird.

Sehr selten findet man Bibelausgaben, in denen an der Stelle von „HERR" das Tetragramm „JHWH" steht. In der Neue-Welt-Übersetzung der Zeugen Jehovas steht stattdessen „Jehova". In der „Jerusalemer Bibel" aus dem Verlag Herder KG (Freiburg im Breisgau 1968) entdeckt man hier den Gottesnamen „Jahwe", wie er in unserer Zeit für am wahrscheinlichsten gehalten wird. Und jüdische Übertragungen ins Deutsche benutzen statt „JHWH" auch die entsprechenden hebräischen Buchstaben „יהוה" oder die Umschreibung „der Ewige".

Es gibt also viele Versuche, dem Gottesnamen würdig zu begegnen.

Im Text des Joelbuches werden wir wiederholt vom „Tag des HERRN" lesen. Dieser Tag ist offensichtlich von zentraler Bedeutung. Da dürfte es nicht unwesentlich sein, zu wissen, warum je nach Glaubensverständnis „JHWH", „HERR", „Jehova", „Jahwe" oder eine andere Darstellung des Gottesnamens genutzt wird.

Der Name „Jahwe", wie ihn die „Jerusalemer Bibel" verwendet, ist die in der ersten Hälfte des 19. Jahrhunderts rekonstruierte Aussprache des hebräischen יהוה (JHWH). [10] ·

Im 2. Buch Mose, auch Exodus genannt, wird im dritten Kapitel von der Gottesbegegnung Mose am brennenden Dornbusch berichtet. Dort erklärt Gott in Vers 15: „So sollst du zu den Söhnen Israel sagen: Jahwe, der Gott eurer Väter, der Gott Abrahams, der Gott Isaaks und der Gott Jakobs, hat mich zu euch gesandt. Das ist mein Name in Ewigkeit, und das ist meine Benennung von Generation zu Generation." In Vers 14 gibt Gott praktisch eine Übersetzung des Namens „Jahwe" als: „Ich bin, der ich sein werde" bzw. „Ich bin, der ich bin".

Die ursprüngliche Aussprache des Gottesnamens ist aber noch nicht vollständig geklärt[11]. Aufgrund der vier Konsonanten יהוה JHWH wird er auch Tetragramm (griech. „Vier-Buchstaben") genannt. Aus Ehrfurcht vor der Heiligkeit dieses Namens (siehe 2Mo 20,7) wurde seine Aussprache im Judentum schon relativ früh gemieden, und so hat man statt des Gottesnamens 'ădônāj „(mein) Herr" gelesen. In der jüdischen Übersetzung des Alten Testaments ins Deutsche, aus dem Jahr 1954, durch Naftali Herz Tur-Sinai kann man in der Online-Version[12] wählen, ob man sich den Gottesnamen als „יהוה" oder als „der Ewige" anzeigen lässt.

Im Mittelalter vervollständigte man JHWH fälschlicherweise zu „Jehowah" bzw. „Jehovah". Erasmus gibt später den Gottesnamen mit „Jehova" wieder, weil er diese Lesart für ursprünglich hält. Luther aber folgte der jüdischen Tradition und gab das Tetragramm mit „(der) HERR" wieder, was zur protestantischen Haupttradition wurde. Heute wird die Namensform Jehova noch bei den „Zeugen Jehovas" in deren Bibelübersetzungen verwendet.

Wenn wir im Neuen Testament „Herr" (nur der erste Buchstabe ist ein Großbuchstabe) lesen, ist damit meist zwar Gott, aber nicht der Gottesname gemeint. Der Begriff „Herr" deutet ein Machtverhältnis an, bei dem sich die Menschen gegenüber Gott häufig als „Diener" oder

„Knechte" sehen, ein Verhältnis zwischen einem Macht-haber und seinem Untertanen.[13]

In der Bibel ist „HERR" also nicht gleich „Herr". Da-für meint aber „HERR" dasselbe wie „JHWH" oder „Jahwe", den Gottesnamen.

4. Stellung des Joelbuches

Das Buch des Propheten Joel ist im Judentum ein Teil des sogenannten Zwölfprophetenbuchs[14]. Es umfasst die Schriften der Propheten Hosea, Joel, Amos, Obadja, Jona, Micha, Nahum, Habakuk, Zefanja, Haggai, Sachar-ja und Maleachi, die im Christentum „Kleine Propheten" genannt werden. Als ältester Beleg für die Existenz einer Zwölfprophetenbuch-Rolle gilt der Hinweis in dem apo-kryphen Bibelteil Jesus Sirach 49,10. Man kann davon ausgehen, dass die Schriften der 12 „kleinen" Propheten damals als eine zusammengehörige Schriftrolle gesehen wurde.

Bei der Zusammenstellung der Einzelschriften gestaltete man eine höhere Einheit, in der die Geschichte der Prophe-tensendungen Gottes an sein Volk repräsentativ zur Geltung kommen sollte. Aufgrund inhaltlicher Hinweise lässt sich klar erkennen, dass die Schriften, die sich einfach datieren lassen, chronologisch in ihrer geschichtlichen Folge stehen.

Die Prophetenreihe beginnt deshalb mit Hosea. Dann folgt Amos, der laut der Überschrift (Am 1,1) gleichzeitig mit Hosea aufgetreten ist, aber sich in Am 7,9 gegen Jerobeam II. (782-747 v. Chr.) wendet. Micha kann man eindeutig nach Amos einordnen. Genauso eindeutig ist es bei Zefanja. Haggais und Sacharjas Auftritte datiert man in die persische Zeit. Die nicht datierten Schriften, wie das Buch Joel, wurden wohl auf Grund thematischer Verwandtschaft zwischen den datierten Schriften eingeordnet.

Als der hebräisch-aramäische Text im hellenistischen Judentum in die altgriechische Alltagssprache, die Koine, übersetzt wurde, entschied man sich für eine andere Reihenfolge mancher Texte des Tanach (mehr dazu im Kapitel: Verszählung im Alten Testament). Dabei entstand die Septuaginta[15] (Abkürzung LXX), auch griechisches Altes Testament genannt. Sie ist die älteste durchgehende Übersetzung des Alten Testaments in die Koine. Die Übersetzung entstand ab etwa 250 v. Chr., vorwiegend in Alexandria. Ein Großteil der Bücher der LXX war bis etwa 100 v. Chr. übersetzt, die restlichen Übersetzungen folgten bis 100 n. Chr.

Die Christen der ersten Jahrhunderte nutzten überwiegend die Septuaginta. Während sie in der griechisch-orthodoxen Kirche bis heute benutzt wird[16], basiert heute in der katholischen Kirche die Bibel auf der hebräischen Fassung. Auch der Reformator Martin Luther nutzte die hebräischen Schriften für seine Übersetzung der Bibel ins Deutsche.

Während in der Masora (deutsch ‚Überlieferung'), dem Zweig der jüdischen Tradition des ersten Jahrtausends, der sich mit der Sicherung des hebräischen Bibeltextes befasst, das Buch Joel zwischen den Propheten Hosea und Amos angeordnet ist (und damit auch in den katholischen und evangelischen Bibeln diesen Platz hat), befindet sich das Buch Joel in den Bibeln, die auf der Septuaginta basieren (z.B. in der griechisch-orthodoxen Kirche) nach Hosea und Amos, zwischen Micha und Obadja.[17]

Der Inhalt des Buches wird von den meisten Interpreten wiedergegeben, als hätte er keine Relevanz für die heutige Zeit: Anlässlich einer Dürre- und Heuschreckenplage wird zur Hinwendung an JHWH aufgerufen, mit Fasten und Klagen. (1,1-2,17) Die Heuschreckenplage gilt dabei als Zeichen des kommenden Tages JHWHs (des HERRN). Darauf erfolgt JHWHs Ankündigung, die Not zu wenden (2,18-27). Kapitel 3 wird dann im Christentum als Voraussage der Ausgießung des Geistes Gottes über alle Menschen, die nach ihm suchen, verstanden. Kapitel 4 kündigt an, dass der Tag JHWHs kommt und das Weltgericht vollzogen wird. Das Gericht Gottes wird Heil über diejenigen bringen, die zu Gott umkehren, Verderben dagegen vor allem über die ungläubigen Völker. Die Feinde werden endgültig besiegt. Hier findet man auch die Umkehrung des bekannten Satzes aus Micha 4,3

(„Schwerter zu Pflugscharen"). In Joel 4,10 erklärt JHWH: „Schmiedet eure Pflugscharen zu Schwertern und eure Rebmesser zu Spießen!"

Inhaltsangaben wie diese suggerieren, dass die Prophezeiungen Joels mit dem Pfingstereignis zur Zeit der Apostel erfüllt seien. Dürre- und Heuschreckenplagen hat es schon zur Zeit Joels gegeben. Aufrufe zum Fasten und Klagen ebenfalls.

Dass es aber Ereignisse im 21. Jahrhundert gibt, die im Buch Joel erstaunlich genau beschrieben werden, und die erst in dieser Zeit möglich sind, werden wir hier in den nächsten Kapiteln erarbeiten.

5. Verszählung im Alten Testament

Das Alte Testament (und damit auch das Buch des Propheten Joel) besteht aus den Schriften des jüdischen Tanach, die aber vom Christentum in einer anderen Anordnung übernommen wurden.[18]

Tanach oder Tenach (hebräisch תנ״ך TNK) ist eine von mehreren Bezeichnungen für die Sammlung heiliger Schriften des Judentums, der Hebräischen Bibel. Der Tanach besteht aus drei Teilen: Tora (Weisung), Nevi'im (Propheten) und Ketuvim (Schriften). TNK ist das Akronym der Anfangsbestandteile dieser Worte.

Die Konsonanten Taw, Nun und Kaph werden vokalisiert zu Tanakh/Tenakh bzw. Tanach/Tenach.

Die Einteilung in Verse wurde für den Tanach bereits durch die Masoreten[19] (8.–10. Jahrhundert) schriftlich fixiert. Für das Neue Testament geht die heutige Verseinteilung auf den französischen Theologen und Verleger Robert Estienne (genannt Stephanus) zurück.[20] Im Jahre 1551 nummerierte er in seinen Bibelausgaben den Text durchgängig nach Kapiteln und Versen. Als Kapiteleinteilung übernahm Estienne die des Engländers Stephen Langton. Im Jahre 1553 veröffentlichte Estienne eine französische Bibel, die die erste vollständige Bibel mit der heute noch aktuellen Bibelverseinteilung war.

Obwohl heutzutage die meisten Versangaben einen Bibelvers eindeutig bezeichnen, gibt es trotzdem in einigen Fällen Abweichungen, je nach Kultur und Tradition.

Meist betreffen die Abweichungen das Alte Testament. Die protestantischen Übersetzungen mit lutherischer oder reformierter Tradition wie z.B. in Deutschland sowie die moderne katholische Ausgabe, stimmen in der Kapitel- und Verseinteilung mit dem masoretischen Text überein. Damit haben die gängigsten deutschen Übersetzungen dieselbe Einteilung.

Übersetzungen, die nicht auf den masoretischen Texten basieren, sondern z.B. auf der Vulgata oder der Septuaginta, können eine leicht veränderte Verseinteilung haben. Das betrifft meist die Psalmen oder einzelne Verse des Alten Testaments.

Bei Übersetzungen auf Basis der Vulgata bildet das ganze Kapitel Joel 3 das Ende von Kapitel 2. Damit hat das Joelbuch bei gleicher Verszahl nur drei Kapitel. In Bibeln, die auf dem masoretischen Text basieren (also die allermeisten Bibeln in Deutschland) haben bei gleicher Verszahl vier Kapitel. Ein direkter Vergleich: Kapitel 2 hat in der King-James-Übersetzung 32 Verse und in der Elberfelder Übersetzung 27 Verse. Joel 3,5 lautet in der King-James-Bibel[21]: „because ye have taken my silver and my gold, and have carried into your temples my goodly pleasant things:" In der Elberfelder Bibel steht nach masoretischer Verseinteilung ein ganz anderer Vers: „Und es wird geschehen: Jeder, der den Namen des HERRN anruft, wird gerettet werden. Denn auf dem Berg Zion und in Jerusalem wird Rettung sein, wie der HERR gesprochen hat, und unter den Übriggebliebenen, die der HERR berufen wird."

Glücklicherweise hat man sich im deutschen Sprachraum im 21. Jahrhundert weitestgehend bei Übersetzungen auf das masoretische Verssystem geeinigt, so dass es äußerst unwahrscheinlich ist, bei Versangaben nicht den Vers zu finden, den der Schreiber gemeint hat.

6. Der Tag des HERRN

Wenn wir im nächsten Kapitel damit beginnen, den Text des Joelbuches zu erarbeiten, werden wir gleich im ersten Kapitel mit dem „Tag des HERRN" konfrontiert. Dieser Begriff weckt in jedem Leser, je nach Vorwissen oder Weltbild, andere Gedankenverknüpfungen. Manche verbinden damit den „Tag des jüngsten Gerichts". Für andere ist es der „Tag der Wiederkunft Christi". Die „Apokalypse" spielt in vielen Filmen oder Büchern der Popkultur eine Rolle und wird oft mit dem „Tag des HERRN" gleichgesetzt.

Aber was ist gemeint, wenn wir im Joelbuch, und auch an anderen Stellen im Alten Testament vom „Tag des HERRN" bzw. „Tag JHWHs" lesen?

In den prophetischen Visionen vom „Tag JHWHs" (jôm jhwh), drückt sich die Hoffnung aus, dass Gott seine Widersacher besiegt, seine Gläubigen aber rettet und damit einer göttlichen Gerechtigkeit zum Durchbruch verhilft.[22]

Die eindrücklichsten Erfahrungen der frühen Israeliten mit dem Gott JHWH waren solche der Rettung vor überlegenen Feinden: vor den Ägyptern am Schilfmeer (2Mo 14f.), vor den Kanaanitern bei Gibeon (Jos 10) und am Bach Kischon (Ri 4f.). Überwältigende Befreiungserfahrungen der Frühzeit wie diese prägten Israels Gottesbild auch in den kommenden Generationen. Offenbar waren es vor allem Propheten, die in Krisensituationen die Fähigkeit und Bereitschaft JHWHs beschworen, seinem bedrängten Volk zu Hilfe zu kommen. Dazu gehören auch namentlich nicht genannte Propheten in den Aramäerkriegen des 9. vorchristlichen Jahrhunderts (1Kö 20; 2Kö 6f.) oder eine prophetische Stimme im ausgehenden 7. vorchristlichen Jahrhundert, dem „assyrischen Jahrhundert" oder eine Reihe weiterer Propheten. Dabei bekommt der „Tag JHWHs" zunehmend etwas Universales.

Aber der „Tag JHWHs" ist nicht nur ein heilvoller Tag. In der hebräischen Bibel gibt es Texte, die ihn gerade als Unheilstag beschreiben. Der Erste, der diese irritierend neue Sicht entwickelte, war möglicherweise Amos: In seiner Vision wird der „jôm jhwh" nicht „Licht", sondern „Finsternis" sein, wird höchstens scheinbar und vorübergehend Rettung bringen, letztlich aber Unheil und Tod. (Am 5,18-20) Der Grund dieser Verkehrung liegt darin, dass Israel seinen Gott derart erzürnt hat, dass das Gericht auch über dieses Volk kommen wird. Davon handelt das Buch Amos von der ersten bis beinahe zur letzten Zeile.

Auch weitere Propheten der Bibel berichten entweder von einem Tag des Heils oder einem Tag des Gerichts, oft auch von beiden Ereignissen. Ausgeprägt entwickelt das Joelbuch eine doppelte Perspektive auf den „Tag JHWHs": einerseits als Unheils-, andererseits als Heilstag. Gleich zu Anfang erscheint eine Heuschreckenplage (Joel 1,4) als Einbruch des „großen und überaus furchtbaren Tages JHWHs".

Das Bild der gefräßigen, in Wellen einfallenden Tiere wird die damalige Bevölkerung an die feindlichen Heere erinnert haben, wie Juda sie, bis hin zum traurigen Höhepunkt der Zerstörung Jerusalems 586 v. Chr., immer wieder erlebt hatte. Im zweiten Teil der Joelprophetie aber wechselt die Aussage. Dort wird zunächst verheißen, JHWH werde über Alte und Junge, Hohe und Niedere seinen Geist ausgießen (Jo 3,1f.). Auf diese Weise wird das Volk der Gläubigen gewappnet sein für das Kommen des „großen und furchtbaren Tages JHWHs", der sich schon in Blut, Feuer, Rauch und Sonnenfinsternis ankündigt.

Im Neuen Testament wird in Bezug auf das Endgericht auf die Verwendung des Gottesnamens JHWH verzichtet. Zwar wird auch in den neutestamentlichen Schriften der „Tag des Herrn" erwähnt, aber wir sehen schon an der Schreibweise des Wortes „Herr", dass es hier nicht um den Gottesnamen geht, sondern um die Position Gottes als Herr über seine Schöpfung. Beispiele hiefür finden wir in den Briefen des Neuen Testaments: „Denn ihr selbst wisst genau, dass der Tag des Herrn so kommt wie ein Dieb in der Nacht. Wenn sie sagen: Friede und Sicherheit!, dann kommt ein plötzliches Verderben über sie, wie die Geburtswehen über die Schwangere; und sie werden nicht entfliehen." (1Thes 5,2+3) „Es wird aber der Tag des

Herrn kommen wie ein Dieb; an ihm werden die Himmel mit gewaltigem Geräusch vergehen, die Elemente aber werden im Brand aufgelöst und die Erde und die Werke auf ihr (im Gericht) erfunden werden." (2Petr 3,10)

Es ist vorstellbar, dass die Wiederkunft Jesu, um die Heiligen zu holen und der „Tag des HERRN" zwei voneinander getrennte Ereignisse sind. Beispielsweise sind sich die Bibelausleger nicht einig, ob die Bibelstellen 1Thes 4,13-18 und 1Thes 5,1-5 verschiedene Ereignisse ankündigen.

So wie im Alten Testament der „Tag JWHWs" unterschiedlich beschrieben wird, so lassen auch im Neuen Testament die endzeitlichen Prophetien unterschiedliche Deutungen zu. Zudem sind im Neuen Testament in den meisten Schriften nur sehr wenige prophetische Stellen zu finden. Und im einzigen prophetischen Buch des Neuen Testaments wird „Tag des Herrn" nicht im alttestamentlichen Sinne gebraucht, sondern es ist die Bezeichnung des Wochentags, der im deutschen Sprachraum „Sonntag" heißt. „Ich war an des Herrn Tag im Geist, und ich hörte hinter mir eine laute Stimme wie von einer Posaune, die sprach: Was du siehst, schreibe in ein Buch und sende es den sieben Gemeinden ..." (Offb 1,10-11)

Der hier erwähnte „Tag des Herrn" bezeichnet, abweichend von allen anderen Stellen in der Bibel, den Sonntag. Es war dieser Wochentag, an dem die Auferstehung Jesu Christi stattgefunden hatte.

Dass sich im Christentum der Sonntag zum wöchentlichen Ruhetag entwickelte und den jüdischen Sabbat, den letzten Tag der Woche, ablöste, hängt mit der Auferstehung zusammen. Den neutestamentlichen Berichten zufolge, geschah Jesu Auferstehung an einem ersten Tag der Woche. Frühe Christen nannten diesen Tag deshalb den Tag des Herrn. Vor allem romanische Sprachen haben diese Wochentagsbezeichnung aufgenommen und nennen den Sonntag daher „Domenica" (italienisch), „Domingo" (spanisch) und „Dimanche" (französisch). Diese Bezeichnungen gehen jeweils auf das lateinische „dies dominica" zurück.

In diesem Buch wird vor allem die Schreibweise „Tag des HERRN" genutzt werden, da diese Formulierung den Lesern am meisten vertraut ist. Aber um an entsprechenden Stellen auf den Gottesnamen hinzuweisen, werden auch die Versionen „Tag Jahwes" oder „Tag JHWHs" verwendet werden. Ebenso hat der „Tag des Gerichts" inhaltlich die gleiche Bedeutung. Alle Schreibweisen beziehen sich auf dasselbe Ereignis.

An entsprechenden Stellen des Joelbuches wird noch weiter auf den „Tag des HERRN" eingegangen werden. Auch wenn die Menschheit vielleicht die Vorzeichen dieses Ereignisses nicht erkennen will. Den „Tag des HERRN" wird niemand ignorieren können.

7. Das erste Kapitel: Die Anfangsverse

1 Das Wort des HERRN, das zu Joel, dem Sohn des
Petuël, geschah.
2 Hört dies, ihr Ältesten, und nehmt es zu Ohren, alle
Bewohner des Landes! Ist solches in euren Tagen
geschehen oder in den Tagen eurer Väter?
3 Erzählt euren Kindern davon und eure Kinder
ihren Kindern und ihre Kinder der folgenden
Generation:

(Joel 1,1-3)

Im ersten Vers spricht Joel von sich in der dritten Person. So als würde ein Außenstehender darüber berichten, dass der Gott Jahwe eine Botschaft an Joel gesandt hat. Hier wird auch das Einzige berichtet, was wir über den Propheten Joel wissen: Er ist der Sohn des Petuël. Da Petuël sonst nicht weiter in der Bibel erwähnt wird, gibt diese Information keinen weiteren Hinweis auf das Leben Joels. Gott hat es nicht nötig, dass ein Prominenter sein Wort verbreitet. Genauso wie Maria und Josef offenbar unbedeutende Einwohner Nazareths waren, als Gott sie erwählte, für seinen Sohn, den Messias, zu sorgen, so erwählte er Joel, einen Mann zu seinem Propheten, der in keiner weiteren Beziehung zu sonstigen Protagonisten der Bibel stand. Praktisch ein unbeschriebenes Blatt, und damit außerhalb jeden Vorurteils, das man gegen ihn haben könnte.

Das Joelbuch verweist auf keinen König, der zur Abfassungszeit herrschte. Manche Ausleger wollen sowohl die Position im biblischen Kanon, als auch die Nennung der Feinde des Gottesvolkes (Tyrus, Sidon, Philister, Ägypten, Edom) als Indiz auf eine sehr frühe Abfassungszeit (spätes 9. Jahrhundert bis Mitte 8. Jh. v. Chr.) sehen.[23] Andere Theologen glauben, dass das Buch erst in der Perserzeit (6. - 4. Jh. v. Chr.) entstanden sei.

„Das Wort des HERRN" geschah zu Joel. Die Botschaft Gottes war für Joel zumindest hörbar (also zumindest eine Audition). Es war nicht nur eine Intuition. Trotzdem ist nicht ausgeschlossen, dass er „das Wort des HERRN" sogar als Vision bekommen hatte. Viele Elemente des Joelbuches lassen vermuten, dass Joel etwas gesehen hatte, was er nicht umfänglich verstehen konnte, weil es erst viele Jahrhunderte später geschehen würde.

„Hört dies, ihr Ältesten, und nehmt es zu Ohren, alle Bewohner des Landes! Ist solches in euren Tagen geschehen oder in den Tagen eurer Väter?" (Joel 1,2)

„Hört dies, ihr Ältesten", fordert Joel seine Leser (oder Zuhörer) auf. Die Botschaft ist nicht an die politischen Führer, Könige oder sonstigen Herrscher gerichtet, sondern an die „Ältesten", an die Leiter der Gemeinden, für die die Botschaft der Bibel noch von besonderer Bedeutung ist. Offenbar ist sich Gott bewusst, dass sich die politischen Führer in den Jahren, in denen sich die prophetischen Worte erfüllen werden, nicht mehr um die biblischen Texte scheren werden.

„Nehmt es zu Ohren, alle Bewohner des Landes!", fährt Joel fort. Unter den Bewohnern des Landes gibt es offenbar noch Menschen, die „das Wort des HERRN" in rechter Weise verstehen. Erstaunlich ist, dass nicht vom „Volk Israel" die Rede ist, sondern von Bewohnern. Offenbar wird nicht mehr unterschieden, zu welchem Volk die Bewohner zählen.

Und es ist auch nicht klar, welches „Land" gemeint ist. Joel hätte klar vom „Nordreich Israel" oder „Südreich Juda" sprechen können. Aber dies scheint nicht notwendig zu sein. Adressaten der Prophezeiung sind die Bewohner des Landes, das in dem Text beschrieben wird. Die entsprechenden Textstellen werden es später deutlich machen.

„Ist solches in euren Tagen geschehen oder in den Tagen eurer Väter?", fragt Joel die Angesprochenen. Im Laufe der Menschheitsgeschichte sind fast alle Reiche und Staatsgebilde irgendwann einmal erobert oder vernichtet worden. Israel und Juda wurden von einer Vielzahl von Großmächten unterjocht. Die große Zahl der Eroberer lässt vermuten, dass die Menschen praktisch alles schon einmal erlebt hatten, was eine Kriegsniederlage mit sich bringen konnte. Wenn Gott durch Joel verkünden ließ: „Ist solches in euren Tagen geschehen oder in den Tagen eurer Väter?", dann spricht er nicht von einem vergangenen Ereignis, sondern von etwas, was die Menschheit in diesem Ausmaß noch nicht erlebt hat. Etwas, was auf praktisch alle Bewohner dieses Planeten Auswirkung hat, auf alle Kontinente. Ein Ereignis, das selbst die kriegserfahrenen Generationen noch nicht erlebt haben.

Zur Zeit der biblischen Propheten waren die Herrscher der Imperien zwar mächtig und die heutigen Historiker nennen deren Reiche „Weltreiche", doch die Wahrheit ist, dass der Einfluss dieser Großmächte immer noch derart begrenzt war, dass man in anderen Teilen der Welt davon entweder nur etwas ahnte oder sogar gar nichts wusste.

Beispielsweise waren die Beziehungen in der Antike zwischen dem „römischen" und dem „chinesischen" Reich stets indirekter bzw. informeller Natur. Das Römische Reich und Han-China (206 v. Chr. bis 220 n. Chr.) wussten zwar im Zuge der römischen Expansion in den Nahen Osten und gleichzeitiger chinesischer Einfälle in Zentralasien voneinander, aber die Existenz starker, dazwischenliegender Reiche, wie das der Parther oder der Kuschan, verhinderte jedes direkte Aufeinandertreffen, so dass die gegenseitige Wahrnehmung insgesamt gering und verschwommen blieb.[24]

Geschehnisse, die wirklich globale Auswirkungen im wörtlichen Sinne haben, sind erst in jüngster Zeit möglich. Leider zeigt ein Blick in die Tageszeitungen, Nachrichtensendungen oder sonstigen seriösen Informationsquellen, dass Begebenheiten mit solchen Wirkungen fast immer negative Ereignisse sind: Krieg, Nahrungsmittelknappheit, Pandemie, Erdbeben und einiges mehr. Ähnlichkeiten zu den „Vier Reitern der Apokalypse" (Offb 6) drängen sich hier auf.

„Erzählt euren Kindern davon und eure Kinder ihren Kindern und ihre Kinder der folgenden Generation:" *(Joel 1,3)*

„Erzählt euren Kindern davon", befiehlt Gott durch den Propheten, denn die Adressaten seiner Prophetie leben erst viele, viele Generationen nach Joel. Und dadurch, dass dieser Befehl auch ausgeführt wurde, dass Joels Audition oder Vision aufgeschrieben und Teil der Bibel wurde, können die heutigen Generationen davon profitieren. Die Prophetie Joels will keine Angst vor einem Weltuntergang machen. Dazu braucht es nicht die Bibel, denn die Fähigkeit der Menschheit, sich selbst auszulöschen ist beunruhigend genug. Und die Unfähigkeit vieler Nationen, Frieden zu halten, lässt zudem an einer gedeihlichen Zukunft zweifeln.

Joels Prophezeiungen zeigen, trotz der Beschreibungen von grausamen Ereignissen, was die Gläubigen tun können, um zu erkennen, wie einfach es doch ist, ein sinnvolles Leben, wie es sich Gott gedacht hat, zu führen und mit Hoffnung in die Zukunft zu schauen.

Es gibt sicher keine simplen Lösungen für die Probleme, die sich die Menschheit selbst geschaffen hat, aber die Bibel gibt Antworten auf die Fragen, die sich aus den Problemen der Menschheit stellen.

8. Wie eine Heuschreckenplage

4 Was der Nager übrig gelassen hatte, fraß die
  Heuschrecke; und was die Heuschrecke übrig
  gelassen, fraß der Abfresser; und was der Abfresser
  übrig gelassen, fraß die Heuschreckenlarve.
5 Wacht auf, ihr Betrunkenen, und weint! Heult, ihr
  Weinsäufer alle, über den Most, denn er ist
  weggerissen von eurem Mund!
6 Denn eine Nation ist über mein Land heraufgezogen,
  mächtig und ohne Zahl; ihre Zähne sind
  Löwenzähne, und sie hat das Gebiss einer Löwin.
7 Sie hat meinen Weinstock zu einer Wüste gemacht
  und meinen Feigenbaum zerknickt; sie hat ihn völlig
  abgeschält und hingeworfen, seine Ranken sind weiß
  geworden.

Der Vers 4 beschreibt auf den ersten Blick entweder
vier Stadien der Heuschreckenentwicklung oder vielleicht
auch vier verschiedene Insektenarten. Plausibel scheint,
dass hier vier Entwicklungsstadien gemeint sind, da Heuschrecken mehrere Larven- und Nymphenstadien durch-
laufen[25], von denen jedes durch eine Häutung abgeschlossen wird.

Aber wieso beschreibt der Prophet die Katastrophe
dieses Heuschreckenüberfalls, indem er die verschiedenen Stadien nennt? Wenn nach dem Überfall am Ende

nur Wüste übrig bleibt, dann wäre es doch letztlich egal, in welchem Stadium sich die Heuschrecken alles einverleibt haben.

Zudem fällt auf, dass hier gar nicht von einem Heuschreckenschwarm geschrieben wird. „Nager", „Heuschrecke", „Abfresser" und „Larve" werden jeweils im Singular genannt. Außerdem spricht der Verfasser im vierten Vers in der Vergangenheit. Später werden wir sehen, dass einige Verse in Kapitel 2 im Futur gehalten sind. Das, was Joel sieht, lässt sich offenbar nicht in einen bestimmten Zeitraum begrenzen. Aber Gott zeigt ihm etwas, das vom „Tag des HERRN" aus gesehen, der später öfter erwähnt wird, in der Vergangenheit liegt. Vielleicht sind es die ersten Anzeichen der Endzeit.

Das Erschreckende an Vers 4 sind nicht die Stadien der Heuschreckenentwicklung, sondern die Brutalität der Handlungsweise. „... was der/die ... übrig gelassen hatte, fraß der/ die ...". Das heißt, was der ersten Plünderung entkommen ist, fiel der nächsten Plünderung zum Opfer. Die Plünderer werden niemals genug haben. Es wird immer eine Steigerung geben müssen, praktisch eine Steigerung des „Gewinns" gegenüber der vorhergehenden „Angriffswelle".

Das erinnert an die Versprechen von „jährlichen Gewinnsteigerungen" an den Aktienbörsen, die Menschen dazu bringen sollen, dem Kapitalmarkt ihr Geld anzuvertrauen. Dass die großen Gewinne oft auf Kosten von verletzten Menschenrechten gemacht werden, spielt meist keine Rolle. Für die Anleger und Händler im Aktienge-schäft sind letztlich nur die Renditen entscheidend. Und jeder Jahresabschluss muss eine Gewinnsteigerung ge-genüber dem Vorjahr aufweisen. „Wachsen oder welken" ist das Konzept. Ein Konzern, der nicht wächst, läuft Ge-fahr, von einem Konkurrenten übernommen zu werden.

2005 verglich Franz Müntefering die extremen Aus-wirkungen des Kapitalismus damit, dass es Unternehmen gibt, die vorgehen wie die „verantwortungslosen Heu-schreckenschwärme, die im Vierteljahrestakt Erfolg mes-sen, Substanz absaugen und Unternehmen kaputtgehen lassen, wenn sie sie abgefressen haben. Kapitalismus ist keine Sache aus dem Museum, sondern brandaktuell."[26]

Es scheint, dass dem Propheten Joel hier gar nicht die lokale Naturkatastrophe einer Heuschreckenplage vor Augen geführt wurde, sondern die weltweiten Auswir-kungen von verantwortungslosem Handeln von globalen Wirtschaftsunternehmen. „... was der/die ... übrig gelas-sen hatte, fraß der/ die ...", beschreibt die Plünderung von Nahrungsmitelressourcen, Boden-schätzen und menschli-cher Arbeitskraft, Gesundheit und Lebensqualität. Für Aktienunternehmen sind dies alles nur Mittel zum Zweck der Gewinnmaximierung, wobei Gewinnmaximierung nur ein Euphemismus für den Begriff „Habgier" zu sein scheint.

Hier wird also eine habgierige und dekadente Gesell-schaft beschrieben. Diese Dekadenz kommt auch im nächsten Vers zum Ausdruck.

„Wacht auf, ihr Betrunkenen, und weint! Heult, ihr Weinsäufer alle, über den Most, denn er ist weggerissen von eurem Mund!" (Joel 1,5)

Sicher beschränkt der Prophet seine Aussage nicht nur auf den Konsum von Alkohol. Wir können davon ausgehen, dass die Botschaft, die er von Gott verkünden soll, viel weiter geht. Er spricht hier eine Gesellschaft an, die den Bezug zur Realität verloren hat, so wie ein Betrunkener nicht mehr fähig ist, klar zu denken. Die Menschen, die Joel meint, berauschen sich lieber an den Angeboten einer dekadenten Gesellschaft, anstatt die Zeichen der Zeit zu erkennen. Dies hat in den vergangenen Jahrtausenden schon zum Untergang vieler Hochkulturen geführt und droht letztlich auch zum Untergang der Menschheit zu führen.

„Wacht auf!", kommt der Weckruf. Doch von einer Nation, die bequem geworden ist und sich lieber dem Dauerkonsum verschreibt, anstatt aktiv daran zu arbeiten, das eigene Leben auf dem Weg zu führen, den Gott vorgesehen hat, kann man kaum erwarten, dass der Ruf überhaupt gehört wird. Selbst in christlichen Kreisen ist es eher unwahrscheinlich, dass das Buch Joel in einer Predigt zitiert wird oder dass man in einem Bibelkreis darüber spricht.

Die Menschen, die berauscht sind von ihren eigenen Leistungen (die letztlich doch nur mit Gottes Gnade zustande kommen können), sollen weinen, wenn sie endlich aufgewacht sind. Wie muss es für die Leute sein, die endlich aufwachen, nachdem sie ihr ganzes Leben in einem Rausch verbrachten und sich damit praktisch nie der Realität stellen mussten?

Das Jahr 2022 hat gezeigt, wie erschreckend dieses Erwachen ist. Am 24. Februar 2022 melden die Nachrichtensender die Reaktionen der deutschen Spitzenpolitiker auf den Beginn des russischen Krieges gegen die Ukraine. Dabei wird die deutsche Außenministerin Annalena Baerbock[27] zitiert mit den Worten: „Wir sind heute in einer anderen Welt aufgewacht." Bundeswirtschaftsminister Robert Habeck erklärte: „Nun ist das Unfassbare geschehen."

Diese zwei Aussagen zeigen, dass schon die ersten Verse des Joelbuches durchaus Bezüge zum 21. Jahrhundert haben. Natürlich sind die Menschen nicht in einer anderen Welt aufgewacht, weder in Europa, noch global gesehen. Aber die Aussagen der scheinbar verwunderten Politiker und Politikerinnen zeigen doch die ehrliche Überraschung, die das Erwachen aus einem Zustand mit sich bringt, der einem Rausch gleicht, in dem man die Welt nicht so wahrnimmt, wie sie ist.

Die Welt und die führenden Politiker auf diesem Planeten sind auch am 24.02.2022 noch immer dieselben, aber für all diejenigen, die die Realität nicht so sehen wollten, wie sie ist, erscheint sie wie eine neue Welt. Das ist im beinahe wörtlichen Sinne zum Heulen. Und genau dazu fordert der Prophet auf: „Wacht auf, ihr Betrunkenen, und weint!"

Auch Habecks Aussage: „Nun ist das Unfassbare geschehen", hat Parallelen zu den ersten Versen. In Vers 2 wird gefragt: „Ist solches in euren Tagen geschehen oder in den Tagen eurer Väter?" Da Robert Habeck 1969 geboren wurde[28], also 24 Jahre nach dem Zweiten Weltkrieg, wird er nicht von ähnlichen Ereignissen aus eigener Erfahrung berichten können. Und welche Kriegsereignisse sein Vater bewusst erlebt hat, darüber schweigt die Presse. Aber gab es wirklich keine Vorzeichen für den russischen Angriffskrieg? Muss man wirklich von einem „unfassbaren" Geschehen sprechen?

Wenn man vom 24.02.2022 genau 3½ Jahre in die Vergangenheit schaut, wird man feststellen, dass es bereits zu diesem Zeitpunkt Vorzeichen gab. Davon abgesehen gab es bereits 2014 eine Annexion der Krim und bereits 2021 zog Russland schon Soldaten und schwere Waffen an der ukrainischen Grenze zusammen.

Aber was berichten die Archive über den 24.08.2018, also das Datum genau 3½ Jahre vor dem Kriegsbeginn? „The Ukrainian Weekly" [29] meldete im August 2018, dass ab dem 24. August 2018 die gängige Grußform und der beliebte Slogan „Slawa Ukrajini – Herojam Slawa" (übersetzt: „Ruhm der Ukraine – Ruhm den Helden") der offizielle militärische Gruß der ukrainischen Streitkräfte wird.[30] Die Begrüßung war erstmals in diesem Zusammenhang bei der Unabhängigkeitsparade in Kiew am 24. August 2018 zu hören.

Die Website welt.de meldet am 24.08.2018: „Putin

sagt sich vom Dollar-Diktat los".[31] Auf chroniknet.de kann man über diesen Tag nachlesen[32]: „Im Zuge der Spannungen mit Russland und der militärischen Fortschritte Chinas ist die am 4. Mai 2018 bereits angekündigte Reaktivierung der Zweiten US-Flotte im Atlantik formell erfolgt." Offenbar war die Welt im Jahre 2018 doch keine völlig andere als 2022. Und warum in diesem Buch der Zeitraum 3½ Jahre vor dem Beginn des Krieges gegen die Ukraine Erwähnung findet, wird an anderer Stelle noch ausführlich erörtert.

Doch es sind auf keinen Fall die politischen Verantwortungsträger allein, die glauben, in einer neuen Welt aufgewacht zu sein. In den meisten Ländern der westlichen Welt macht sich, so scheint es, die reiche Oberschicht der Bevölkerung hauptsächlich Gedanken wie man ein noch stylischeres Leben führen und die Lebensqualität mit noch mehr technischen Produkten, Streamingdiensten und Apps immer weiter optimieren kann. Weiter als vier Jahre im Voraus scheint kaum jemand zu denken. Weder die Wähler, denen die Zukunft ihrer Kinder am Herzen liegen sollte, noch die Politiker, die schwer weiter denken können, als über ihre Amtszeit hinaus.

„Heult, ihr Weinsäufer alle, über den Most, denn er ist weggerissen von eurem Mund!", verkündet Gott durch den Propheten Joel. Sicher meint er diesen Satz im übertragenen Sinne. Es ist unwahrscheinlich, dass Joel miterlebt hat, dass zehntausende Männer den Weinsäufern seiner Zeit den Most vom Mund weggerissen haben. Hier werden wieder symbolisch die Weinsäufer anstelle der Menschen genannt, die sich mit allen Mitteln der Ablenkung nicht der Realität stellen wollen. Wenn dann doch etwas scheinbar „Unfassbares" geschieht, dann funktioniert auch nicht mehr die Realitätsflucht. Dann scheint es, man sei „in einer neuen Welt aufgewacht". Der Entzug der Droge zur Realitätsverweigerung schmerzt dann, wie die Wegnahme des Alkohols für den Weinsäufer.

Joel beschreibt das Erkennen der Realität und der Wahrheit der Bibel mit schmerzhafter Eindrücklichkeit. Wenn den Menschen bewusst wird, dass eine Gesellschaft, die den biblischen Gott immer mehr aus ihrem Alltag verdrängt, oder ihn auf einen Moralkatalog reduziert, sowohl auf eine spirituelle, als auch auf eine wirtschaftliche und soziale Katastrophe zusteuert, dann bleibt nur noch Heulen und Zähneklappern.

„Denn eine Nation ist über mein Land heraufgezogen, mächtig und ohne Zahl; ihre Zähne sind Löwenzähne, und sie hat das Gebiss einer Löwin." (Joel 1,6)

Auch hier wird kein Land mit Namen genannt. Aber Christen, die diesen Text lesen, gibt es weltweit. Da über den Propheten Joel praktisch nichts bekannt ist, weder Nationalität noch das konkrete Jahrhundert seines Wirkens, kann dieser Vers auch weltweite Bedeutung haben. Hier wird von einer Nation gesprochen, die „mächtig und ohne Zahl" ist. Das weist auf eine „Weltmacht" hin.

Das hebräische Wort גּוֹי (gôj), das hier mit „Nation" übersetzt wird, kennen sicher viele Leser als ein jiddisches Wort, mit dem man einen Nichtjuden bezeichnet oder manchmal auch einen Juden, der sich nicht an die Vorschriften der jüdischen Ordnungen hält.

Je nach dem Kontext, in dem es gebraucht wird, kann es sich aber auch ganz allgemein um „Leute" bzw. „Menschen" handeln oder aber um bestimmte Gruppen oder Gemeinschaften.[33]

Sogar Israel wird in bestimmten Fällen als גּוֹי gôj bezeichnet. Dabei wird גּוֹי gôj häufig dann verwendet, wenn es um bestimmte Besonderheiten Israels geht: z.B. 1Mo 12,2; „Und ich will dich zu einer großen Nation machen ..."

Meist bezeichnet גּוֹי gôj jedoch fremde Völker. Z.B. Am 6,14; „Ja siehe, ich lasse gegen euch, Haus Israel, eine Nation aufstehen, spricht der HERR." Das gilt auch für die zahlreichen Belege des Plurals גּוֹיִם gôjim, der allerdings auch die gesamte Palette der Völker (inklusive Israel) meinen kann.

Da es in Vers 4 vordergründig um Heuschrecken geht, und in den nachfolgenden Versen die beschriebenen Zerstörungen von vielen Auslegern den Heuschrecken angelastet werden, gibt es natürlich auch Kommentare und Bibelübertragungen, die dem Wort גּוֹי gôj auch die Bedeutung „Heuschreckenschwarm" zuweisen. Korrekterweise gibt die Elberfelder Bibel aber hier das Wort „Nation" wieder.

Ein fremdes Volk überfällt also ein Land, dem sich der

Prophet so verbunden fühlt, dass er es als „mein Land" beschreibt. „Mächtig und ohne Zahl", beschreibt er die Eigenschaft des Angreifers. Wenn bei dieser Aussage der Schwerpunkt auf „Macht" liegt, dann könnten hier, was die heutige Zeit betrifft, Atommächte beschrieben werden. Das wären bisher: USA, Russland, Großbritannien, Frankreich, die Volksrepublik China, Indien, Pakistan, Israel und Nordkorea.[34] Sollten die größten Armeen auf diesem Planeten gemeint sein, dann wären die sieben Größten: Volksrepublik China, Indien, USA, Nordkorea, Russland, Pakistan und Iran.[35] Bei dem Fall, dass es nur um die Anzahl der Gesamtbevölkerung der Nationen geht, wäre die Reihenfolge der sieben Größten diese: Volksrepublik China, Indien, USA, Indonesien, Brasilien, Pakistan, Nigeria. Vergleicht man diese Auflistungen, dann wird man feststellen, dass die Länder USA, Russland, die Volksrepublik China, Indien, Pakistan und Nordkorea mehrmals aufgezählt werden.

Im zweiten Teil des sechsten Verses aus dem ersten Joelkapitel lesen wir von der heraufziehenden Nation: „Ihre Zähne sind Löwenzähne, und sie hat das Gebiss einer Löwin". Vielleicht hilft uns, wenn wir die Verhaltensweisen der Löwen in der Natur näher betrachten.

Löwen verbringen am Tag bis zu 20 Stunden im Schlaf.[36] Sie sind also vergleichsweise wenig als Angreifer unterwegs. Das könnten wir als Indiz werten, dass die in Vers 6 genannte Nation in der Vergangenheit eher selten als Angreifer aufgetreten ist.

Löwen sind die sozialsten Katzen, sie leben als einzige in Gruppen. Die Nation, die die Kriege in der Endzeit auslöst, wird nicht alleine gegen den Rest der Welt stehen, sondern Bündnispartner haben.

Löwen sind sogenannte Top-Prädatoren, das heißt, sie stehen ganz oben in der Nahrungskette. Ihr einziger Feind ist der Mensch selbst. In Bezug auf die „mächtige Nation" unseres Bibelverses bedeutet das, dass wir es mit einer wirklichen „Supermacht" zu tun haben, sowohl militärisch, als auch wenn es um die weltweite Versorgung mit Rohstoffen geht oder ihrem Einfluss auf die weltweite Nahrungsmittelversorgung. Eine Nation, die sich ihrer Macht bewusst ist.

„Sie hat meinen Weinstock zu einer Wüste gemacht und meinen Feigenbaum zerknickt; sie hat ihn völlig abgeschält und hingeworfen, seine Ranken sind weiß geworden."(Joel 1,7)

Was hat ein Weinstock mit einer Wüste zu tun? Ein Weinstock ist eine einzelne Pflanze. Eine Wüste bezeichnet ein ganzes Gebiet. Wenn wir diese Zeilen wörtlich nehmen werden hier sinnbildlich „Äpfel mit Birnen" verglichen. Der Sinn dieses Verses muss auch hier wieder in einer Symbolik liegen, die die Botschaft der Bibel und das Geschehen in der Endzeit miteinbezieht.

Mit „Sie" ist wieder die Nation (גּוֹי gôj) gemeint. Sie macht aus einem Weinstock eine Wüste. Als kleinste Wüste der Welt gilt die Carcross-Wüste, nördlich des Ortes Carcross, am Klondike Highway im kanadischen Territorium Yukon. Sie bedeckt nur eine Fläche von 2,6 Quadratkilometern.[37] Aber verglichen mit der Fläche, die ein Weinstock einnimmt, ist der Unterschied doch gewaltig. Was ist also so Besonderes an diesem Weinstock, dass er eine ganze Wüste hinterlässt, wenn er nicht gedeiht?

In Jer 2,21 lässt Jahwe durch Jeremia allen Sippen des Hauses Israel verkünden: „Ich hatte dich gepflanzt als Edelrebe, lauter echtes Gewächs. Aber wie hast du dich mir verwandelt in entartete ⟨Reben⟩ eines fremdartigen Weinstocks!" Auch in anderen Bibelstellen wird Israel mit einem Weinstock verglichen, z.B. in Psalm 80.

Jesus hat sich selbst als den „Weinstock" bezeichnet: „Ich bin der Weinstock, ihr seid die Reben", spricht er im Johannesevangelium (Kapitel 15,5) zu seinen Jüngern. Da wo der Glaube an Jesus nicht in Liebe und Hoffnung gedeihen kann, da bleibt nur Wüste.

Die Nation, von der im Joelbuch die Rede ist, die über ein anderes Land heraufzieht, wird also eine katastrophale Auswirkung auf das Leben und Überleben der Christen haben. Da wo einst vielleicht eine lebendige christliche Kultur herrschte, wird nach der „Militäroperation" das Christentum zu einer verschwindenden Minderheit werden.

Das geschah bereits im zweiten Irakkrieg und der darauffolgenden Besetzung unter Führung der USA (2003 bis 2011).[38] Während 2003 der Anteil der Christen im Irak bei acht Prozent lag[39], belief er sich nach Schätzungen des CIA World Fact Book Mitte 2015 nur noch auf 0,8 %. Zu dieser Vertreibung und Unterdrückung der Christen im Irak kam es durch den Aufstieg des IS, der seine Wurzeln im Irak-Krieg der US-Amerikaner hat.

Nach der im Jahre 2003 begonnenen US-geführten Invasion im Irak („Koalition der Willigen") und dem darauffolgenden Sieg über das Regime von Saddam Hussein, scheiterte die von den USA eingesetzte irakische Regierung. Dabei wurden Fehler der Vergangenheit weitergeführt. Neben Übergriffen von großer Tragweite gegenüber der sunnitischen Zivilbevölkerung, kam es zu „Säuberungen" in staatlichen Institutionen und insbesondere in der irakischen Armee. Das betraf u.a. viele Sunniten, die unter dem Saddam-Regime wichtige Positionen innehatten, die entlassen wurden. Dieser Missstand führte bei einem Aufstand der sunnitischen Iraker zu bürgerkriegsähnlichen Zuständen und zu einer andauernden instabilen politischen Lage. Viele sunnitische Soldaten der ehemaligen irakischen Armee Saddam Husseins waren nun ohne Einkommen, aber militärisch ausgebildet und bewaffnet. Nicht wenige schlossen sich daraufhin den IS-Milizen an und sollten damit Anteil an den erfolgreichen Offensiven der Terrororganisation haben.[40]

Natürlich ist hier auch die Unterdrückung und Verfolgung von Christen in anderen Ländern zu nennen, auch in einigen Atommächten.

Der Feigenbaum wird in der Bibel oft gemeinsam mit dem Weinstock genannt. Das Sitzen unter Weinstock und Feigenbaum steht für Wohlergehen und Frieden (Sach 3,10). Sein Absterben symbolisiert das Ende einer lebenswerten Umwelt. Mit den Worten „seine Ranken sind weiß geworden", endet der siebte Vers. Beinahe nahtlos lassen sich die Ranken, die weiß werden mit den Korallen (z.B. der Christusdorn-Koralle) im Ökosystem in der beginnenden Endzeit vergleichen. Wenn bei Steinkorallen durch die Klimaerwärmung oder andere Stressfaktoren die Korallenbleiche[41] einsetzt und die Korallen absterben, hat das nicht nur Auswirkungen auf deren direkte Umgebung. Durch die Unterbrechung der Nahrungskette ist letztlich auch die Menschheit betroffen, wenn Fischer, und damit auch die Finanzwirtschaft, Ausfälle in Milliardenhöhe haben.
Die faktischen Korallen und die symbolischen Ranken der Feigenbäume werden weiß. Jesus, der Weinstock, wird bekämpft und übrig bleibt eine menschenfeindliche Wüste. Die Menschheit arbeitet aktiv an ihrem eigenen Untergang.

9. Was sollen wir tun?

8 Klage wie eine Jungfrau, die mit Sacktuch
umgürtet ist wegen des Mannes ihrer Jugend!

9 Speisopfer und Trankopfer sind weggenommen
vom Haus des HERRN; es trauern die Priester,
die Diener des HERRN.

10 Verwüstet ist das Feld, verdorrt der Erdboden;
denn verwüstet ist das Korn, vertrocknet der
Most, dahingewelkt das Öl.

11 Steht beschämt, ihr Bauern, heult, ihr Winzer,
über den Weizen und über die Gerste! Denn die
Ernte des Feldes ist zugrunde gegangen;

12 der Weinstock ist vertrocknet und der
Feigenbaum verwelkt. Granatbaum, auch
Dattelpalme und Apfelbaum, alle Bäume des
Feldes sind vertrocknet. Ja, vertrocknet ist die
Freude, ⟨fern⟩ von den Menschenkindern.

Welche Klage ist angemessen, angesichts der Zerstörung, durch die heuschreckengleichen Plünderer (Vers 4),
die angreifende Nation (Vers 6) und das selbstzerstöreri-
sche Handeln der Menschheit? Vers 8 vergleicht die
Wehklage mit der verzweifelten Reaktion einer Frau, die,
offensichtlich nach vielen Ehejahren, den Mann verloren
hat, mit dem sie seit ihrer Jugend verheiratet war.

Zur patriarchalen Zeit des Alten Testaments gehörte eine Frau, deren Ehemann verstorben war, zu den in mehrfacher Hinsicht sozial und wirtschaftlich, rechtlich und religiös benachteiligten Gruppen. Witwen und Waisen waren am schlimmsten von Ausbeutung bedroht, weil sie keinen Rechtsschutz und keine wirtschaftliche Absicherung hatten (2Kö 4,1; 2Mo 22,23; Hi 24,9).

In Vers 8 betont der Schreiber, dass der Verstorbene der „Mann ihrer Jugend" war. Die Witwe, die hier wieder sinnbildlich für die Menschen steht, die bald den „Tag des HERRN" erleben werden, hatte also schon aufgrund ihres fortgeschrittenen Alters kaum noch Chancen auf ein lebenswertes Leben. Wahrscheinlich würde sie kein neuer Mann mehr heiraten und eine soziale Absicherung gab es damals nicht, abgesehen von den eigenen erwachsenen Kindern. Und hier kommt der Begriff „Jungfrau" ins Spiel. Scheinbar macht es überhaupt keinen Sinn, dass eine Jungfrau in der Situation ist, dass sie sich mit einem Trauergewand wegen des „Mannes ihrer Jugend" bekleidet. Das macht eine Frau nur, wenn sie Witwe wird und um ihren Gatten trauert. Und da in der damaligen Zeit der Zweck des Daseins einer Frau in erster Linie war, dass sie Kinder gebar, wäre sie sicher ab dem Tag ihrer Hochzeit keine Jungfrau mehr gewesen.

Durch die Darstellung als Jungfrau, in diesem Vers, wird die Not der Witwe um ein Vielfaches gesteigert. Als Jungfrau war die Witwe kinderlos und damit ohne Familie, wenn die Herkunftsfamilie sie nicht wieder aufnahm. Sie war praktisch mittellos und rechtlos. Zwar werden Witwen im Alten Testament als schutzbedürftig erwähnt, aber in der Praxis waren sie auf den guten Willen ihrer Familien und der Umwelt angewiesen und wurden oft ausgebeutet. Die biblischen Propheten wenden sich gegen die menschenverachtende Unterdrückung (Jer 7,6; Jer 22,3; Hes 22,7). Dabei kritisieren sie vielfach eine gesellschaftliche Oberschicht, die Witwen und Waisen Hilfe verweigert.[42]

Die Frau von Vers 8 war also keine Ehefrau mehr und auch keine Mutter, was eigentlich ihre Rolle in der Gesellschaft hätte sein müssen, um ein „Recht" auf Hilfe zum Überleben zu haben. Solange in der damaligen Zeit eine Frau ihre gesellschaftliche Rolle erfüllte, bestand die Möglichkeit, dass sie ein annähernd „sorgenfreies" Leben führen konnte. Wenn sich durch den Tod ihres Gatten ihr Leben dann schlagartig auf katastrophale Weise veränderte, musste ihr Wehklagen unendlich schmerzerfüllt gewesen sein. Und hier haben wir wieder die Parallele zu dem Erwachen der Betrunkenen aus Vers 5. Wenn die Menschheit sich sicher glaubt und sich an ihrem scheinbaren Reichtum labt, dann ist der Schock umso größer, wenn man feststellt, dass der Wohlstand nicht selbstverständlich ist. Innerhalb kürzester Zeit kann sich die Weltlage dramatisch ändern. Die Bibel weist seit mehr als zweitausend Jahren darauf hin.

Wenn die Menschheit sich weder um Gott noch um ein friedliches, nachhaltiges Leben auf diesem Planeten schert, dann hat sie damit ihr „Recht" verwirkt, weiter zu existieren. So wie die Witwe in diesem Vers sich tragischerweise auf kein Recht berufen kann, das ihr helfen würde, ihre Existenz zu sichern, so wenig kann die Menschheit sich auf ein „Recht" berufen, in ihrer Gottlosigkeit so weiter zu machen wie bisher.

Viele Bibelleser werden schnell über diesen Vers hinweggelesen haben. Die Tragik, die hinter diesen wenigen Worten liegt, ist unendlich schmerzhaft, aber für diejenigen, die die Botschaft der Joelprophetie ernst nehmen, ist es nicht hoffnungslos. Doch bevor wir zu den Botschaften der Hoffnung kommen, werden uns noch viele Verse den Ernst der augenblicklichen Situation deutlich machen.

„Speisopfer und Trankopfer sind weggenommen vom Haus des HERRN; es trauern die Priester, die Diener des HERRN." (Joel 1,9)

Auf den ersten Blick scheinen die Priester, die hier trauern, sich vorrangig um ihr eigenes Wohl zu sorgen, denn nach den alttestamentlichen Gesetzen dürfen die Priester und dessen Söhne von den Resten der Speisopfer essen. Das ist nachzulesen in 3. Mose 2,10 „Das Übrige vom Speisopfer aber soll für Aaron und für seine Söhne sein: ein Hochheiliges von den Feueropfern des HERRN." Doch auch hier geht es nur vordergründig um den

Rückgang von Opfergaben, die nebenbei der Speisung der Priester dienen, auch wenn die dahinterliegende Dramatik eine katastrophale Nahrungsmittelknappheit sein könnte.

Das Priesteramt gibt es nicht in allen christlichen Kirchen. Die evangelischen Landeskirchen[43] z.B., in denen es nicht dieses Amt gibt, beziehen sich dabei u.a. auf 1 Petr 2,9 mit dem Hinweis auf ein Priestertum aller Gläubigen durch die Taufe. In der katholischen Kirche erlangen zwar alle Getauften auch Anteil am gemeinsamen Priestertum aller Gläubigen, aber es gibt trotzdem ein Amtspriestertum. Im Zweiten Vatikanischen Konzil ist es so beschrieben: „Die Priester haben zwar nicht die höchste Stufe der priesterlichen Weihe und hängen in der Ausübung ihrer Gewalt von den Bischöfen ab; dennoch sind sie mit ihnen in der priesterlichen Würde verbunden und kraft des Weihesakramentes nach dem Bilde Christi, des höchsten und ewigen Priesters (Hebr 5,1-10; 7,24; 9,11-28), zur Verkündigung der Frohbotschaft, zum Hirtendienst an den Gläubigen und zur Feier des Gottesdienstes geweiht und so wirkliche Priester des Neuen Bundes."[44]

Der Priester übt also einen Hirtendienst aus. Im evangelischen und im freikirchlichen Bereich weist schon der Begriff „Pastor" auf den symbolischen Hirten hin. „Pastor" ist das lateinische Wort für „Hirte".

In der heutigen Zeit erfahren in Deutschland die beiden großen Volkskirchen einen dramatischen Mitgliederschwund. Während der Anteil der Christen in Deutschland, von der römisch-katholischen Kirche und den evangelischen Landeskirchen, im Jahre 1990 zusammen bei 72,7 % lag[45], schrumpfte er bis 2021 auf unter 50 %. Hier sollten nicht nur die fehlenden Einnahmen aus den Kirchensteuern den Hirten der Gemeinden Sorge bereiten, sondern vielmehr die Tendenz, dass in Deutschland der christliche Glaube immer seltener eine Rolle spielt.

Immer weniger Menschen engagieren sich in einer christlichen Gemeinde. Kirchengemeinden werden von der Bevölkerung oftmals eher als karitative Organisationen wahrgenommen. Kenntnisse von biblischen Inhalten werden kaum noch vermittelt. Vor diesem Hintergrund möchten immer weniger Menschen ihre Freizeit im Dienst für Kirche und Gott „opfern". In Deutschland müssen sich deshalb viele Ortsgemeinden zusammenschließen, da sie alleine mit den immer weniger werdenden aktiven Mitgliedern das Gemeindeleben gar nicht mehr aufrecht halten können.

Zusätzlich zu dieser unguten Entwicklung kam dann noch 2020 die Coronakrise. Viele Gottesdienste wurden entweder gesetzlich verboten oder durch Regelungen derart unattraktiv gemacht, dass die Gläubigen fern blieben. Sicher waren die meisten gesetzlichen Auflagen sinnvoll, um weitere Ansteckungen zu vermeiden, aber langfristig führte das an die Gewöhnung von bequemen Online-Gottesdiensten oder erzeugte nachhaltig ein ungutes Gefühl, sich im Kontakt mit anderen Christen mit Corona anstecken zu können.

So wie die Speise- und Trankopfer zu Zeiten des Alten Testaments zum Glaubensalltag gehörten, so sollte der Besuch der Gottesdienste zum Alltag der Christen gehören. Dass in der Endzeit die Gemeindeleiter trauern werden, weil „das Haus des HERRN" nicht mehr besucht wird, hat der Prophet Joel schon vorausgesehen. Für viele Menschen in den Wohlstands-Ländern ist das Leben als Christ ein „zu großes Opfer".

„Verwüstet ist das Feld, verdorrt der Erdboden; denn verwüstet ist das Korn, vertrocknet der Most, dahingewelkt das Öl." (Joel 1,10)

Während Vers 9 Bezug nimmt auf die Corona-Pandemie und die Folgen daraus für die Gottesdienste und das Gemeindeleben der Christen (auch wenn er in den vergangenen Jahrhunderten anders interpretiert werden konnte), deutet Vers 10 an, dass die mächtige Nation, von der wir in Vers 6 erfahren haben, mit ihrer Verwüstung für eine Verknappung von Getreide und Speiseöl sorgen wird. Dass es sich hier nicht um eine Metapher handelt, können wir daraus erkennen, dass jeder Begriff praktisch doppelt genannt wird, um ein Missverständnis zu vermeiden. Das Wort „verwüstet" (שֻׁדַּד) wird zweimal genannt. „Feld" wird durch „Erdboden" verstärkt. Und wo der Erdboden „verdorrt" ist, da ist das Öl „dahingewelkt".

Das Weltbild der Menschen, die sich in den letzten Jahrzehnten in die Illusion geflüchtet haben, der Mensch an sich sei gut und er bräuchte keinen Gott, hat sich als fataler Irrtum erwiesen. Schon in den ersten Kapiteln der Bibel (1. Mose 6, 5) bescheinigt Gott dem Menschen, dass „alles Sinnen der Gedanken seines Herzens nur böse den ganzen Tag" ist. Das steht konträr zu der Meinung vieler Philosophen, dass das menschliche Wesen grundsätzlich gut sei.

Die Modernisierung der Landwirtschaft, die inzwischen ein Vielfaches der Erträge erwirtschaften kann, wie vor hundert oder tausend Jahren, vermittelt den Eindruck, dass es in den Industrieländern nie wieder Hungersnöte oder Knappheit an sonstigen Ressourcen geben würde. Dabei erlaubte man sich Eingriffe in die Natur, deren Auswirkungen ebenso geleugnet wurden wie die Folgen der weltweiten Klimaerwärmung. In ihrem Größenwahn möchte die Menschheit nicht wahrnehmen, dass es bereits seit Jahrzehnten eine Überbevölkerung gibt, die nur deshalb noch nicht zum Kollaps geführt hat, weil ein riesiger Teil der Menschheit in katastrophaler Armut lebt und täglich Tausende verhungern. Die Menschheit verbraucht mehr als 70% mehr Ressourcen, als die Ökosysteme des Planeten regenerieren können.[46] Wenn wir den Wohlstand der 7,9 Milliarden Menschen auf diesem Planeten gerecht verteilen und dabei so nachhaltig wirtschaften wollten, dass auch unsere Enkelkinder nicht für unsere Fehler bezahlen müssen, wäre es erforderlich, dass wir uns in den Industrieländern sehr schmerzhaft einschränken. Dass dazu beinahe niemand bereit ist, zeigt sich schon daran, dass es in

Deutschland nicht möglich ist, ein vernünftiges Tempolimit einzuführen, das für mehr Sicherheit und weniger CO_2-Ausstoß sorgen würde.

In dieser fragilen Situation der Welternährung, die weder auf den Klimawandel noch auf politische Fehlentscheidungen vorbereitet ist, kann schon eine relativ kleine, negative Veränderung eine Wirkung erzeugen, die den Hunger in den armen Teilen der Welt massiv verschärft.

Für die heraufziehende Nation aus Vers 6 ist es ein Leichtes, seine Macht auszuspielen, wenn der Großteil der Welt wie ein Betrunkener noch nicht aus seinem Rausch aufgewacht ist. Verwüstung, Weizen- und Speiseölverknappung werden in einem Weltwirtschaftssystem, das weder langfristig denken mag, noch sich einem Schöpfergott verpflichtet sieht, zu einer Waffe, der beinahe nichts entgegenzusetzen ist. Die Menschheit arbeitet selbst an ihrem eigenen Untergang.

„Steht beschämt, ihr Bauern, heult, ihr Winzer, über den Weizen und über die Gerste! Denn die Ernte des Feldes ist zugrunde gegangen." (Joel 1,11)

Hier im Vers 11 wird der Weizen explizit erwähnt. Der Weizenpreis in der Endzeit, wie sie in der Offenbarung beschrieben wird, ist ein Indikator für die Teuerungsrate. „Und ich hörte etwas wie eine Stimme mitten unter den vier Wesen sagen: Ein Maß Weizen für einen Silbergroschen und drei Maß Gerste für einen Silbergroschen" (Offb 6,6). Da Weizen sowohl in der damaligen Zeit die Grundlage für Brot war, als auch im Mitteleuropa der heutigen Zeit, trifft eine solche Teuerung vor allem die ärmeren Bevölkerungsschichten.

Anfänge eines solchen Preisanstiegs meldete die FAZ bereits auf ihrer Online-Präsenz am 24.08.2018. Unter der Überschrift[47] „FOLGEN DER DÜRRE - Werden Brot und Brötchen bald teurer?" berichtete sie: „Eine Tonne Weizen ist in der Weizenbörse in Paris derzeit mit rund 200 Euro notiert. Das ist ein Viertel teurer als im August vergangenen Jahres." 3½ Jahre später, gleich zu Beginn des Angriffs von Russland auf die Ukraine im Jahre 2022, war Weizenmehl dann wochenlang in den Supermarktregalen vergriffen und wurde zur Mangelware.

Ebenso verschwanden viele preiswerte Speiseöle aus den Regalen, da den Verbrauchern bewusst wurde, in welche Abhängigkeit von der Ukraine sich die Welt begeben hatte, wenn es um Grundnahrungsmittel wie z.B. Sonnenblumenöl geht. Wer genug Geld und Beziehungen hatte, deckte sich mit Vorräten ein. Menschen unter der Armutsgrenze, die weder über Geld noch Beziehungen verfügten, hatten kaum eine Chance an preiswertes Speiseöl zu gelangen. Hochwertige Öle, die entsprechend hohe Preise hatten, waren natürlich immer zu haben, aber für die unteren Einkommen nicht bezahlbar.

Die Verse 10 und 11 beschreiben den Mangel dieser Grundnahrungsmittel. An den Bauern liegt diese Not nicht. Die einheimischen Landwirte kämpfen gegen billige Konkurrenz aus dem Ausland und gestiegene Verbraucherpreise bedeuten nicht zwangsläufig einen höheren Gewinn für die Bauern, da die Preise für Kraftstoffe und Düngemittel noch mehr explodieren.[48] Der große Profit wird an der Börse gemacht.

Wenn sich die Bauern weniger Düngemittel leisten können, fällt die Ernte auch weniger erfolgreich aus. Das schmälert das Einkommen der Bauern und damit tritt ein Teufelskreis in Kraft, der das Überleben der bäuerlichen Betriebe in Mitteleuropa gefährdet.

In der Ukraine können die Bauern seit dem Beginn des russischen Angriffs ihre Ernten nur schwer ins Ausland verkaufen, da der Seeweg beinahe unmöglich gemacht wird. Die Folgen sind Preiserhöhungen in den reichen Abnehmerländern, vor allem aber Hungersnöte in den ärmsten Ländern der Welt. Und das trotz voller Silos bei den ukrainischen Bauern, die auf ihren Ernten sitzen bleiben und im nächsten Jahr keine Möglichkeit haben, die neuen Ernten in den übervollen Silos unterzubringen. Damit geht, wie es in Vers 11 beschrieben ist, die Ernte zugrunde. Wenn die Ernte nicht wegen Dürrekatastrophen ausbleibt, verdirbt sie wegen der Zerstörung von Handelswegen oder wegen Boykotten und Embargos. Wie immer leiden die Ärmsten darunter.

Schonungslos beschreibt die Bibel hier, die Hilflosigkeit der Landwirte, die trotz ihrer Arbeit nur zusehen können, wie ihre Ernte zugrunde geht. Erstaunlich ist auch, dass die erwähnten Bauern offenbar nur pflanzliche Nahrung produzieren. Bisher wurden nur Wein, Most, Speiseöl, Weizen und Gerste erwähnt. Offenbar gehört die Fleischproduktion bei der Verkündigung der Prophetie nicht zu Gottes Plan. Wir werden mehr dazu erfahren, wenn wir zu den entsprechenden Bibelstellen kommen.

„Der Weinstock ist vertrocknet und der Feigenbaum verwelkt. Granatbaum, auch Dattelpalme und Apfelbaum, alle Bäume des Feldes sind vertrocknet. Ja, vertrocknet ist die Freude, ⟨fern⟩ von den Menschenkindern." (Joel 1,12)

Zu den bereits erwähnten Nahrungsmitteln werden hier noch Bäume des Feldes erwähnt: Granatbaum, Dattelpalme und Apfelbaum. Wieder ist nicht die Rede von Fleisch. Die bereits erwähnte Überbevölkerung im 21. Jahrhundert hätte eigentlich schon längst dazu führen müssen, dass viel mehr Menschen auf vegetarische Ernährung umsteigen. Hier nur zwei von vielen Gründen, die später z.B. bei Joel 2,15 ausführlicher behandelt werden:

• weltweit wird hauptsächlich Futter für Tiere angebaut, auf über drei Viertel der landwirtschaftlichen Fläche (also Äckern, Weiden und Grünland).[49]

• Mit pflanzlichen Nahrungsmitteln könnte man auf der gleichen Anbaufläche mindestens doppelt so viel Proteine bzw. Kalorien erzeugen wie mit tierischer Nahrung, bei Rindfleisch ergäbe es sogar das Zwanzigfache.[50]

Jedoch wäre völliger Verzicht auf Fleisch in allen Bevölkerungsgruppen bisher medizinisch nicht pauschal zu begründen, da man bei Risikogruppen wie Kindern und Schwangeren eine Mangelernährung nicht gänzlich ausschließen könnte.[51]

Trotz allem verbrauchen weltweit die Menschen immer mehr Fleisch. Der Fleischatlas meldet, dass sich der Konsum von 2002 bis 2022 verdoppelte. Im Jahr 2018 stieg er auf rund 320 Millionen Tonnen weltweit.

Die wachsende Zahl an Nutztieren zur Fleischerzeugung führt dazu, dass Landflächen wie Wälder oder Wiesen in Äcker umgewandelt werden. Aufgrund all der negativen Auswirkungen auf Klima und Umwelt muss man Fleisch zu den „besonders problematischen Konsumgütern unserer Welt" zählen. Mit Verweis auf Zahlen der Vereinten Nationen heißt es: 2013 wurden knapp 15 Prozent aller Treibhausgasemissionen weltweit durch die Viehzucht erzeugt. Bedenklich ist offenbar auch der gesteigerte Einsatz von Pestiziden. Offenbar haben sich die verwendeten Mengen seit 1990 weltweit verdoppelt. Die Fleischproduktion ist insoweit auch daran beteiligt, da Pestizide etwa bei der Erzeugung von Sojabohnen für das Viehfutter zum Einsatz kommen.[52]

Kein Wunder, dass ein großer Teil der Weltbevölkerung hungert, wenn die Menschheit durch immer größeren Fleischkonsum und viele weitere Umweltsünden das Klima ruiniert und für immer mehr Dürrekatastrophen und Waldbrände infolge steigender Temperaturen sorgt.

Auf www.dw.com meldete am 24.08.2018 die Deutsche Welle : „Waldbrände in Brandenburg". Dabei wurde ein Bürgermeister zitiert mit den Worten: „Wir haben schon einige große Waldbrände in der Region gehabt. In dieser Dimension, wo es sich zwischen den Ortschaften bewegt, haben wir das noch nicht gehabt."[53]

Jetzt beginnen die Generationen für die Umweltsünden ihrer Vorfahren zu bezahlen. Da fällt es immer schwerer, sich auf die Zukunft zu freuen. Die Zukunft unserer Kinder sieht düster aus. Joel bringt es auf den Punkt: „Ja, vertrocknet ist die Freude, fern von den Menschenkindern."

10. Der geistliche Aspekt

13 Umgürtet euch und klagt, ihr Priester! Heult, ihr Diener des Altars! Kommt, übernachtet in Sacktuch, ihr Diener meines Gottes! Denn Speisopfer und Trankopfer sind dem Haus eures Gottes entzogen.

14 Heiligt ein Fasten, ruft einen Feiertag aus! Versammelt die Ältesten, alle Bewohner des Landes, zum Haus des HERRN, eures Gottes, und schreit zum HERRN um Hilfe!

15 Wehe über den Tag! Denn nahe ist der Tag des HERRN, und er kommt wie eine Verwüstung vom Allmächtigen. (Joel 1,13-15)

Hier in Vers 13 wendet der Prophet wieder den Blick von den globalen Geschehnissen in der Umwelt hin zu gläubigen Gemeinden, oder was davon übrig geblieben ist. Während im ähnlichen Vers 9 vom „Haus des HERRN" (dem Haus Jahwes) die Rede ist, spricht der Verfasser nun vom Haus „eures Gottes" (hebräisch: elohekem). Er erinnert daran, dass die Menschen in einer Beziehung zu ihrem Gott Jahwe stehen. Jahwe ist „ihr" Gott. Genauso wie Jesus die Menschen lehrte, sie sollen „Vater UNSER" beten. Nur eine lebendige Beziehung zu UNSEREM Gott, kann die Menschen retten. Das war so zu biblischen Zeiten, genauso wie in den vergangenen Jahrhunderten, wie auch in der Endzeit.

In diesem Vers spricht Joel im Auftrag Gottes die Priester wieder an, und damit auch die Leiter der christlichen Gemeinden. „Umgürtet euch!", ruft er sie auf. Ein besonderer Gürtel gehörte zur Priestertracht. Im Alltag schnallten sich die Israeliten den Gürtel um, wenn man sich handlungsbereit machte. Ein Krieger konnte zur Zeit der Könige, derjenige sein, der ein Schwert umgürten konnte (2Kö 3,21). Und heutzutage bedeutet „den Gürtel enger schnallen", sich auf Einschränkungen vorzubereiten.

Joel ruft also die Gemeindeleiter unserer Zeit dazu auf, aktiv zu werden, nicht untätig zu bleiben, weil das Ende sowieso bevorsteht. Da aber alle gläubigen Christen Priester sind, gilt der Aufruf zum Handeln ebenso für alle, die die Bibel ernst nehmen. Wir sollen im Auftrag Gottes daran arbeiten, dass „Speiseopfer und Trankopfer"

61

wieder in den Gotteshäusern stattfinden. Mit kreativen Lösungen kann das auch mit Schutzmaßnahmen vor Corona geschehen. Und die Menschen, die sich während der Lockdowns von den Gemeinden entfremdet haben, kann man mit neuen Konzepten wieder für die christliche Gemeinschaft gewinnen.

Die Priester und Altar-Diener in unserem Vers sollen ihre Prachtkleider ablegen und die einfachen Sacktücher (Trauerkleider) anlegen. In die heutige Zeit übertragen, ist das ein Aufruf, die Ärmel hochzukrempeln und ans Werk zu gehen. Wenn der Teufel in der Endzeit besonders aktiv wird, um die christlichen Gemeinden zu entvölkern, dann ruft Joel die Gemeindeleiter und die gesamte Gemeinde dazu auf, dem entgegenzusteuern. Veränderungen kann man nur erreichen, wenn man „den Gürtel enger schnallt" und sich nicht nur am Gemeindegrillfest satt ist. Um nicht über die eigene Kleidung zu stolpern, braucht man einen Gürtel, der alles zusammenhält. Und ein Krieger, der noch eine Reservewaffe mit sich führen will, braucht einen Gürtel, an dem er sie befestigen kann.

In Zeiten einer weltweit wachsenden Christenverfolgung[54] und leerer werdenden Kirchen in Europa haben die Gemeindeleiter allen Grund zu klagen. Doch gerade jetzt ist die Zeit des Handelns. Die Zeichen der Zeit sind so klar erkennbar wie nie. Wir alle werden unsere Gürtel enger schnallen müssen. Aber nur um wieder neues Leben in das Haus Gottes zu bringen.

„Heilig ein Fasten, ruft einen Feiertag aus!
Versammelt die Ältesten, alle Bewohner des Landes, zum
Haus des HERRN, eures Gottes, und schreit zum HERRN
um Hilfe!" (Joel 1,14)

Bisher hatten wir den Ernst der Lage in eindrückli-
chen Worten beschrieben bekommen. Allgemein wurden
wir dazu aufgefordert zu heulen oder zu klagen. Auch die
anderen Anweisungen waren allgemein gehalten: „Wacht
auf", „steht beschämt" oder „umgürtet euch". Diese Reaktionen auf die Trübsal würden wahrscheinlich auch
ohne die Anweisungen geschehen. Aber jetzt in Vers 14
wird es konkret. Hier folgt ein Befehl nach dem anderen:
„Heiligt ein Fasten", „versammelt die Ältesten", „schreit
zum HERRN um Hilfe". Denn nur bei Jahwe können wir
in den Katastrophen, die sich die Menschheit selbst ein-
gebrockt hat, Hilfe erwarten. Alleine werden wir nur
schwer unseren Glauben am Leben erhalten können oder
die Umwelt verändern, aber wenn wir uns als Christen
„versammeln" sind wir gemeinsam stark. Und wenn wir
das tun, was mit „Heiligt ein Fasten" gemeint ist, dann
könnten wir vielleicht retten, was von dieser Welt noch
zu retten ist.

Das Wort „heilig", in unserem Sprachgebrauch,
geht auf den Begriff „sanctus", dessen Verb „sancire"
ist, zurück, was soviel heißt wie „begrenzen" oder
„umschließen". Begrenzt ist im kirchlichen Bereich
das „fanum", der heilige, abgesonderte Bezirk. Selbst

das Wort „Fanatiker" geht ursprünglich auf das lateinische „fanaticus" zurück, was so viel wie „göttlich inspiriert" heißt.[55] Als das „Pro-fane" bezeichnete man, den Bereich vor dem heiligen Ort. Daraus wurde dann das „Alltägliche", das „Weltliche".

Heilig ist in der Bibel das „ganz Andere", „das Abgegrenzte", „was man vom Normalen absondert". Das Allerheiligste im Tempel Israels, wo die Bundeslade mit den Zehn Geboten stand, durfte nur einmal im Jahr vom Hohenpriester betreten werden.[56]

„Etwas heiligen" bedeutet also „etwas absondern" oder „zu etwas Besonderem ausrufen". Die kommunikative Bibelübersetzung „Hoffnung für alle" (kurz: Hfa) überträgt den Vers 14 so: „Ruft die Menschen zum Fasten auf! Sie sollen sich alle zum Gottesdienst versammeln! Die führenden Männer und das ganze Volk sollen zum Tempel des HERRN, eures Gottes, kommen und laut zu ihm um Hilfe schreien!"

Wenn alle Menschen auf diesem Planeten diesen Aufruf im Sinne des christlichen Fastens verstehen würden, d.h. auf den Verzehr von Fleisch verzichteten, dann wäre es nicht mehr nötig (wie bei Vers 12 beschrieben) weltweit den Großteil der landwirtschaftlichen Fläche für Tierfutter zu nutzen. Denn man könnte stattdessen für die Bevölkerung auf der gleichen Anbaufläche mindestens doppelt so viel Proteine bzw. Kalorien erzeugen.[57]

Dass im Christentum das Fasten ganz eng mit Fleischverzicht zu tun hat, kann man schon an dem Begriff

„Karneval" erkennen. „Carne" bedeutet in verschiedenen Sprachen „Fleisch", und zwar in Italienisch, Spanisch, Portugisisch und Rumänisch. An Karneval gönnten sich die Gläubigen noch einmal eine Zeit ohne große Einschränkungen, bevor sie bewusst kein Fleisch mehr aßen. Heutzutage steht Karneval eher für Zügellosigkeit und Narrentum. Nicht jeder Karnevalist kennt noch die Wurzeln der Karnevalsbräuche.

Die heute geläufigste Vermutung zur Herkunft des Begriffes, ist die Ableitung des Wortes „Karneval" vom mittellateinischen „carne levare" (‚Fleisch wegnehmen'), daraus wurde „carnelevale" als Bezeichnung für die Fastenzeit als fleischlose Zeit. Wenn die Menschen die Worte des biblischen Propheten Joel ernst nehmen würden, dann wäre ein permanenter Fleischverzicht angesichts der Endzeit die angemessene Reaktion auf Vers 14.

Auch wenn in der Bibel an unzähligen Stellen erwähnt wird, dass die Glaubenshelden auch Fleisch gegessen hatten, so sieht man in den ersten Kapiteln der Bibel, dass Gott Eva und Adam nicht als „Fleischfresser" geschaffen hat. In 1. Mose 1,29 spricht Gott, nachdem er Mann und Frau geschaffen hatte: „Siehe, ⟨hiermit⟩ gebe ich euch alles Samen tragende Kraut, das auf der Fläche der ganzen Erde ist, und jeden Baum, an dem Samen tragende Baumfrucht ist: es soll euch zur Nahrung dienen." Nirgendwo in der Bibel steht, dass die ersten beiden Menschen den Auftrag hatten, sich von Fleisch zu ernähren oder sogar den Tieren eine unnatürliche Lebensweise aufzuzwingen, sie zu züchten und industriell zu verarbeiten.

Erst als unsere Vorfahren vor etwa zwölftausend Jahren sesshaft geworden waren, haben sie sich praktisch selbst aus dem Paradies vertrieben. Erst zu dieser Zeit haben sie angefangen Besitz anzuhäufen und Tiere zu züchten, anstatt sie in Freiheit leben zu lassen und sie nur zu jagen, wenn es überlebensnotwendig war. Dabei wurden auch die Frauen zum Besitztum ihrer Männer gemacht. Dieser Sündenfall der „neolithischen Revolution" wurde von den frühen Menschen mündlich weitergegeben und ist in der Bibel als Vertreibung aus dem Paradies nachzulesen.

Hätte die Menschheit vor vielen tausend Jahren nicht die Entscheidung getroffen, entgegen Gottes Willen, eine Lebensweise zu führen, die nicht dem entspricht, wofür Gott den Menschen geschaffen hat, so würde sie jetzt auch nicht ihrem Ende entgegensteuern.

Gott hat Adam und Eva in eine Welt geschaffen, in der Besitz keine Rolle spielte, sondern Beziehung. Adam hatte weder seine Frau besessen noch die Tiere. Sie durften sich die Tiere untertan machen, aber Untertanen sind kein Besitz und sind deshalb auch nicht dafür geschaffen verspeist zu werden.

Erst das Besitzdenken machte die Menschheit sündig. Erst als mit der Sesshaftwerdung (etwa 10.000 v. Chr.) das Patriarchat entstand und die Männer beanspruchten, Frauen, Sklaven, Tiere und Häuser zu besitzen, musste Gott sie daran erinnern: „Du sollst nicht das Haus deines

Nächsten begehren. Du sollst nicht begehren die Frau deines Nächsten, noch seinen Knecht, noch seine Magd, weder sein Rind noch seinen Esel, noch irgendetwas, das deinem Nächsten ⟨gehört⟩." (2Mo 20,17)

Als Gott Adam und Eva geschaffen hatte, waren diese Gebote nicht nötig, Menschen sollten kein Besitz sein und als Ernährung sollten die von Gott geschaffenen Pflanzen dienen. Diesem Zustand können sich die heutigen Menschen nur durch Gleichberechtigung und vegetarische Lebensweise annähern. Gerade auch deshalb lässt Gott durch Joel ein „Fasten" ausrufen. Doch die meisten Propheten werden überhört, „wie die Stimme eines Rufers in der Wüste". So auch Joel.

Anschließend wird wieder in Vers 14 vom „Haus des HERRN" gesprochen, also vom Haus „Jahwes", denn auch hier steht „HERR" für den Gottesnamen „Jahwe". Es gibt viele Bibelstellen die dazu aufrufen, den „Namen des HERRN" zu preisen. Beispiele sind: „Danket dem HERRN und rufet an seinen Namen; verkündigt sein Tun unter den Völkern!" (Psalm 105,1) oder „Und ihr werdet sagen zu der Zeit: Danket dem HERRN, rufet an seinen Namen! Machet kund unter den Völkern sein Tun, verkündiget, wie sein Name so hoch ist!" (Jes 12,4) oder „Denn ich will den Namen des HERRN preisen. Gebt unserm Gott allein die Ehre." (5Mo 32,3)

Aber in den Kulturen, die von wenigen Ausnahmen abgesehen, statt des Gottesnamens immer den Ersatzbegriff „HERR" verwenden, kann man nicht davon sprechen, dass der NAME des Gottes Jahwe gepriesen wird. Es gibt kaum Christen, denen es bewusst wird, dass sie eben nicht den NAMEN ihres Gottes preisen, wenn sie stattdessen ein Ersatzwort rühmen.

Aber das „Haus Jahwes" bleibt das „Haus Jahwes", auch wenn darin kein Mensch den Namen nennt. Doch „zu Jahwe zu schreien" ohne Jahwe zu nennen, macht keinen Sinn. Das wäre genauso, als würde ein Ehemann seine Gattin immer nur mit dem Titel „Ehefrau" anreden. Eine persönliche Beziehung drückt sich durch einen liebevollen Kosenamen oder zumindest mit der Verwendung des Vornamens aus.

„Ruft einen Feiertag aus!", heißt es in der Elberfelder Bibel, und die „Hoffnung für alle" überträgt den Vers so: „Sie sollen sich alle zum Gottesdienst versammeln!" Gerade die Versammlungen zum Gottesdienst, die Hauskreise und Bibelstunden, die persönlichen Kontakte unter den Gemeindemitgliedern konnten während der Coronaeinschränkungen gar nicht oder nur reduziert stattfinden. Ein Zustand, der dem Grundbedürfnis der meisten Christen zuwiderläuft.

Das Internet bietet den Christen eine enorme Fülle von neuen Missionsmöglichkeiten. So wie die ersten Christen das Kulturgut „Schrift" nutzten, das immer mehr Menschen zur Verfügung stand, um ihre Erfahrungen mit dem Messias Jesus festzuhalten, so können die Christen im 21. Jahrhundert über das Internet beinahe unendlich viele Inhalte zur Verfügung stellen, um für ihren Glauben Werbung zu machen. Genau das hatte Paulus vor etwa 2.000 Jahren mit den damaligen Möglichkeiten gemacht. Er hatte Briefe geschrieben, um Gemeinden anzuleiten, Kontakte zu knüpfen, seine Erfahrungen weiterzugeben, missionarisch tätig zu sein. Dass man jedes Medium auch negativ nutzen kann, war damals genauso möglich wie heute. Mithilfe des Internets kann man den Menschen auf zeitgemäße Weise den christlichen Glauben nahebringen.

Und während der harten Coronaeinschränkungen boten die Möglichkeiten des Internets eine kolossale Hilfe, um Gottesdienste live zu übertragen, um Online-Hauskreise stattfinden zu lassen oder per Live-Video-Meeting miteinander Gemeinschaft zu haben. Das waren Notbehelfe, die sich frühere Generationen nicht einmal hätten vorstellen können. Aber sie waren und sind für die Mitarbeiter, die es organisieren sehr aufwendig, und für die Nutzer ausgesprochen bequem. Und wie alles, was bequem ist, macht es die Menschen träge. Aus den Gottesdienstbesuchern wurden zum großen Teil „Konsumenten von Gottesdienstvideos". An das Ausbleiben von Begegnungen mit anderen Christen gewöhnten sich viele Gemeindemitglieder. Das Gemeindeleben spielte sich in hohem Maße nur virtuell ab.

Relativ hohe Klick-Zahlen auf Youtube erzeugten Erfolgserlebnisse bei den engagierten Organisatoren von Online-Gottesdiensten, aber wenn aus dem Klick auf ein Gottesdienstvideo nur der Konsum eines frommen Clips wird, bei dem man vorspult, wenn man zu ungeduldig ist, dann höhlt dieser Ersatz das aus, was eine Versammlung im Namen Gottes sein soll.

Als Ergänzung zu einem Präsenz-Gottesdienst kann die Streaming-Version eine zeitgemäße Verkündigungsform sein, um denjenigen einen virtuellen Gemeindebesuch zu ermöglichen, die wirklich nicht vor Ort sein können. Aber genauso wenig wie die Lektüre eines christlichen Buches oder das Hören einer Gottesdienst-CD in der Vergangenheit die Gemeinschaft mit den Glaubensgeschwistern ersetzen konnte, darf nicht der Eindruck entstehen, dass man sich den Weg zur Kirche oder Gemeinde sparen kann, da es ja Streaming-Gottesdienste gibt.

Deshalb ruft der Prophet Joel die Menschen in der Endzeit auf: „Sie sollen sich alle zum Gottesdienst versammeln!" Wenn im ehemals christlichen Abendland der Gottesdienstbesuch nicht mehr selbstverständlich ist und noch zusätzlich erschwert wird, weil man seine Glaubensgeschwister nicht mit Corona anstecken will, dann ist ein solcher Aufruf bitternotwendig.

Der Vers 14 beinhaltet viel von dem, was Joel im Kern verkünden will. Er ist praktisch eine Anleitung, wie sich die Christen in der Endzeit verhalten sollen. Weil der Inhalt so wichtig ist, wird er später in Kapitel 2 in den Versen 15 und 16 wiederholt und ergänzt. Zwar ist für viele Ausleger der Hauptverständnisvers Joel 4,21: „Und ich werde ihr Blut ungestraft lassen, das ich ⟨bisher⟩ nicht ungestraft ließ. Und der HERR wohnt in Zion." Aber das Buch Joel bietet viel mehr als die Aussicht auf Vergeltung und die Gewissheit, dass Gott in Zion wohnen wird. Vielmehr wohnt Jesus, als Teil der Dreieinigkeit, bereits in dem, was Zion symbolisiert, nämlich in den Herzen der Gläubigen, wie wir bei den späteren Versen lernen werden.

Gott weist auch inmitten der Endzeit auf das hin, was ihm bereits bei der Erschaffung der ersten Menschen wichtig war: Ein Leben im Einklang mit dem Rest der Schöpfung (Fasten), lebendige Beziehungen zwischen den Menschen (Gottesdienste) und eine lebendige Beziehung zwischen Gott und Mensch (Gott beim Namen nennen, wenn man zu ihm um Hilfe ruft). Wir sind Jahwe wichtig, und wir sollten auch ihm zeigen, dass er uns wichtig ist.

„Wehe über den Tag! Denn nahe ist der Tag des HERRN, und er kommt wie eine Verwüstung vom Allmächtigen." (Joel 1,15)

Hier erscheint nun der Begriff, der über dem gesamten Buch Joel steht: „Der Tag des HERRN!" Es wird deutlich, dass Joel von einem zukünftigen Ereignis schreibt, da der „Tag des HERRN" weder zur Zeit Joels eingetroffen ist, noch in den Jahrhunderten, die zwischen den Propheten und unserer Zeit liegen. Aber die Adressaten dieser Verse leben in einer Zeit, die „nahe" an diesem Tag von Gottes Gericht liegt. Und wenn wir heute die Zeichen der Zeit sehen, so finden wir viele Parallelen zu den Texten. Einige Übereinstimmungen wurden schon genannt, weitere werden wir in den nächsten Versen und Kapiteln finden.

„Wehe über den Tag!", beginnt der Vers. In der Bibelübersetzung „Hoffnung für alle" wird es mit „Ein Tag des Schreckens wartet auf uns" übersetzt. Es ist eindeutig der Tag, der der Schrecklichste in der Geschichte der Menschheit sein wird. Auch wenn die Vorzeichen einiges an Schrecken haben, der „Tag des HERRN" wird kommen wie „eine Verwüstung vom Allmächtigen".

Das Wort, das hier mit „Allmächtiger" übersetzt wird, ist das hebräische Wort „El Shaddai". Die Herkunft von Schaddai ist nicht vollständig geklärt. Manche Theologen leiten Schaddai von einem Wort ab, das „Berg" bedeuten könnte. Auch nimmt man an, dass es auf die Grundbedeutung „stark sein" oder „Herr" zurückzuführen ist. Meist wird dieser Gottesname so verstanden, dass er Gott als den „Allmächtigen" bezeichnet. In dieser Form offenbart sich Gott den Erzvätern, um sie zu trösten und den Bund mit Abraham zu bestätigen: 1Mo 17,1 / 1Mo 28,3 / 1Mo 35,11.

Da es wirkliche Allmacht braucht, um die angekündigten Verwüstungen entstehen zu lassen, macht hier die Übersetzung „Allmächtiger" vom Zusammenhang her Sinn.

Trotz des angekündigten Schreckens, müssen sich die Gläubigen trotzdem nicht vor dem Gericht Gottes fürchten. Durch ihren Glauben an Jesus von Nazareth, den Christus, den Erlöser, dürfen sie eine Glaubensgewissheit haben, dass das Urteil über ihr Leben bereits Vergangenheit ist und Jesus die Strafe für ihre Schuld bereits durch den Kreuzestod auf sich genommen hat. Für diejenigen, die das Angebot Jesu NICHT annehmen wollen und darauf beharren, dass es keinen allmächtigen Gott gäbe, oder ein allmächtiger Gott kein Endgericht halten wird, für diejenigen wird der „Tag des HERRN" furchtbar sein, wie es in Joel 3,4 beschrieben wird.

Wie der „Tag des HERRN" in das Gesamtgeschehen der Endzeit einzuordnen ist, wird an anderer Stelle dieses Buches deutlich gemacht. Der Allmächtige hat seiner Schöpfung einen freien Willen gegeben. Der Mensch braucht Gott und die Umwelt, die Gott geschaffen hat. Aber die Natur und Gott brauchen den Menschen nicht. Wenn die Menschheit daran ist, sich selbst und Gottes Schöpfung zu vernichten, dann hat sie selbst schon das Urteil über sich gesprochen.

11. Die Natur leidet

16 Ist nicht die Speise vor unseren Augen weggenommen, Freude und Jubel aus dem Haus unseres Gottes?

17 Verdorrt sind die Samenkörner unter ihren Schollen. Verödet sind die Vorratshäuser, zerfallen die Scheunen, denn das Korn ist vertrocknet.

18 Wie stöhnt das Vieh! Die Rinderherden sind bestürzt, weil sie keine Weide haben; auch die Schafherden büßen.

19 Zu dir, HERR, rufe ich; denn ein Feuer hat die Weideplätze der Steppe verzehrt und eine Flamme alle Bäume des Feldes versengt.

20 Auch die Tiere des Feldes schreien lechzend zu dir; denn vertrocknet sind die Wasserbäche, und ein Feuer hat die Weideplätze der Steppe verzehrt.

„Freude und Jubel" sind aus dem Hause Gottes weggenommen, ist in Vers 16 zu lesen. Offensichtlich wird hier eine Zeit der Trübsal angekündigt. Diese Drangsal scheint dadurch verursacht zu sein, dass es an Speise fehlt. Der Zusammenhang ist naheliegend. Ohne Nahrung verstirbt ein Mensch innerhalb weniger Wochen. Ohne Flüssigkeitszufuhr schon nach wenigen Tagen.

Die Flüchtlingskrise in Europa 2015/2016 hatte ihre Ursachen u.a. darin, dass das Welternährungsprogramm (WFP) und das Flüchtlingshilfswerk UNHCR nur noch so geringe Mittel zur Verfügung hatten, dass sie die Nahrungsmittelrationen um die Hälfte kürzen mussten. Letztlich musste eine vierköpfige Familie dann nur noch von 14 Dollar im Monat überleben.[58]

Der starke Anstieg der Flüchtlingszahlen im Sommer 2015 ging hauptsächlich auf damals akute Versorgungsengpässe in Flüchtlingslagern um Syrien zurück. Nachdem einige Staaten ihre Hilfszusagen an das UNHCR nicht eingehalten hatten (Deutschland z.B. halbierte seine Beiträge 2014 in diesem Zusammenhang), war der auf 1,3 Milliarden ausgelegte UNHCR-Plan für syrische Flüchtende Anfang 2015 nur zu 35 % finanziert. Deshalb musste das UNHCR die sowieso schon geringen Zahlungen an regionale Flüchtlingslager kürzen, was zur Folge hatte, dass deren Versorgung großenteils den Nachbarstaaten auferlegt wurde. Laut dem Ökonomen Paul Collier und dem Migrationsforscher Alexander Betts ist das Versagen der internationalen Staatengemeinschaft, den Aufnehmerstaaten um Syrien angemessene und rechtzeitige Unterstützung zukommen zu lassen, inzwischen (Stand: 2017) als schwerer moralischer und praktischer Fehler anerkannt.[59]

Eine Hungerkrise ist immer eine elementare Krise. Und trotzdem sagt Jesus: „Nicht von Brot allein soll der Mensch leben, sondern von jedem Wort, das durch den Mund Gottes ausgeht." (Mt 4,4) Dabei bezieht er sich auf 5. Mose 8,3 und die Begebenheit mit der Versorgung der Israeliten in der Wüste durch Gott und das sogenannte „Manna".

An anderer Stelle sagt Jesus: „Wer aber von dem Wasser trinken wird, das ich ihm geben werde, den wird nicht dürsten in Ewigkeit; sondern das Wasser, das ich ihm geben werde, wird in ihm eine Quelle Wassers werden, das ins ewige Leben quillt." (Joh 4,14)

Für die Christen ist also eine geistliche Not ähnlich existenzbedrohend wie Hunger und Durst. Natürlich kennen die Nachkriegsgenerationen wirklichen Hunger kaum noch. Und geistliche Not wird oft durch spirituelle Modeerscheinungen gestillt. Die Abhängigkeit von Gott ist in den Industrieländern kaum noch jemandem bewusst.

Für viele säkular lebende Menschen kommt Gott erst ins Spiel, wenn angebliche Naturkatastrophen Leid in großem Ausmaß verursachen: Waldbrände, Hungersnöte, Überschwemmungen, Fluchtbewegungen. Dass Ereignisse wie diese ihre eigentlichen Ursachen meist in menschlichem Fehlverhalten haben wird dabei übersehen. Der durch den Menschen verursachte Klimawandel fördert natürlich Waldbrände und Ernteausfälle. Kriege führen zu Hungersnöten und Fluchtbewegungen. Die Verstädterung der Landschaften und der weltweite Temperaturanstieg führen unweigerlich zu Überschwemmungen. Für all diese Konsequenzen des egoistischen menschlichen Verhaltens muss dann plötzlich doch Gott herhalten, der sonst so gerne verleugnet wird.

Bisher müssen in erster Linie die Ärmsten der Armen unter all den aufgeführten Katastrophen leiden. Die Allerärmsten, die sich keine Schleuser und Fluchthelfer leisten können, verhungern in ihren Ländern. Wer sich die tausende Euro für die Flucht leisten kann, übersteht womöglich nicht die Strapazen auf den Fluchtrouten oder ertrinkt im Mittelmeer. Wer in Europa zum ärmeren Teil der Bevölkerung zählt, muss sich sorgen, ob er die Heizkosten im Winter und die immer höher werdenden Lebensmittelpreise bezahlen kann.

Plötzlich fragen sich viele Menschen: „Wie kann Gott das zulassen?" Aber die Frage müsste eigentlich sein: „Wieso lassen wir Menschen es zu, dass egoistische Politiker, Verbraucher und Geschäftemacher diesen Planeten für die kommenden Generationen unbewohnbar machen?"

Als Christen wissen wir, Gott hat in ähnlichen Situationen Propheten erwählt, die die Menschen zur Umkehr aufgerufen haben. Die Botschaften waren immer eindeutig: „Ändert eure Lebensweise radikal zum Guten, oder es droht Euch die Vernichtung." Auch heute hat die Menschheit noch eine allerletzte Chance. Wenn sie diese nicht ergreift, wird es mit der menschlichen Existenz, wie wir sie kennen, am „Tag des HERRN" ein Ende haben.

„Verdorrt sind die Samenkörner unter ihren Schollen. Verödet sind die Vorratshäuser, zerfallen die Scheunen, denn das Korn ist vertrocknet." (Joel 1,17)

Bereits am 24.08.2018 meldete domradio.de: „So wenig Regen wie 2018 ist im Sahel schon seit Jahren nicht mehr gefallen. Die Speicher sind leer, die Böden hart, und Familien in ganz Westafrika kämpfen ums Überleben. (...) Drei Jahre schon habe es in ihrem Dorf Same Plantation, das im malischen Teil der Sahelzone liegt, nicht mehr richtig geregnet."[60]

Diese Dürren sorgen dafür, dass sich Konflikte, wie wir sie aus der Bibel kennen, auf erschreckende Weise wiederholen. Die Geschichte von Kain und Abel wird in der Bibel nur mit wenigen Worten wiedergegeben. Im Grunde war sie ein Konflikt zwischen einem Viehhirten und einem Ackerbauern. Die Parallele dazu finden wir in der Menschheitsgeschichte zwischen den ersten sesshaften Ackerbauern und den traditionellen Viehhirten mit dem Beginn der neolithischen Revolution vor etwa 12.000 Jahren im vorderen Orient.[61] In Mitteleuropa vollzog sich die Sesshaftwerdung erst viel später, nämlich vor etwa 7.000 Jahren. Das Nachrichtenportal welt.de vergleicht die Funde von Massengräbern aus dieser Zeit mit der biblischen Geschichte von Kain und Abel. „Die Tat erinnert an die biblische Geschichte von Kain und Abel. Weil der ältere Bruder, der die Felder bestellt, neidisch auf den jüngeren ist, der die Tiere weidet, erschlägt er ihn. Mit dem sesshaften Bauern, der den viehtreibenden Nomaden erschlägt, kam demnach der Mord in die Welt."[62]

Durch immer mehr Dürren aufgrund des Klimawandels lebt dieser biblische Konflikt auch in der Gegenwart fort. Die Deutsche Welle berichtet auf dw.com: „Ob in

Mali, Niger oder Nigeria: Die nomadischen Fulani-Vieh-hirten geraten oft in Konflikte mit Landwirten um knappe Ressourcen."[63]

Seit dem biblischen Sündenfall, seitdem der Mensch während der neolithischen Revolution die Anhäufung von Besitz dem Leben im Garten Eden vorgezogen hat, seit dieser Zeit steuert die Menschheit der ökologischen Katastrophe in unserer Zeit zu. „Verdorrt sind die Samen-körner", beginnt der Vers 17 und mit „das Korn ist ver-trocknet" endet er.

Viele Meldungen in den heutigen Medien, die von Dürrekatastrophen berichten, nehmen wir inzwischen gar nicht mehr wahr. Erst wenn sich die Menschen aus den Krisengebieten als Flüchtlinge auf den Weg nach Europa machen, kommen wir zwangsläufig damit in Berührung.

Der Prophet Joel hat es schon vor über 2.000 Jahren angekündigt. Trotzdem sind die Menschen erstaunlich überrascht und unvorbereitet. Vielleicht hätten sie die Botschaft der Bibel ernster nehmen sollen.

„Wie stöhnt das Vieh! Die Rinderherden sind bestürzt, weil sie keine Weide haben; auch die Schafherden büßen."
(Joel 1,18)

Selten wird in der Bibel vom Leid der Tiere berichtet. Da Gott es vermeintlich nach dem Sündenfall hingenom-men hat, dass die Menschheit Tiere als Besitztum ohne Rechte ansieht, scheint er die Tiere offenbar den Men-

79

schen völlig ausgeliefert zu haben. In 1. Mose 9,2 wird zitiert: „Und Furcht und Schrecken vor euch sei auf allen Tieren der Erde und auf allen Vögeln des Himmels! Mit allem, was sich auf dem Erdboden regt, mit allen Fischen des Meeres sind sie in eure Hände gegeben."

Zu den wenigen Bibelstellen, die die Menschheit davor bewahren sollen, den Tieren jedes Recht, auf artgerechte Behandlung abzusprechen, zählt folgender Vers: „Der Gerechte kümmert sich um das Wohlergehen seines Viehs, aber das Herz der Gottlosen ist grausam." (Sprüche 12,10)

Aber auch hier hebt sich Joel ab von vielen Bibeltexten, die allgemein geläufig sind. Das Leid der Tiere wird hier eindrücklich beschrieben. Die kommunikative Bibelübersetzung „Hoffnung für alle" überträgt den Vers für die heutige Zeit verständlicher mit: „Das Vieh schreit nach Futter, die Rinder irren umher, denn sie können keine Weide mehr finden; auch die Schafe gehen elend zugrunde."

Die Menschheit ist nicht nur dabei, sich selbst zugrunde zu richten, sie richtet auch die Tierwelt mit ihrem Egoismus „elend zugrunde". Welch ein beschämender Tatbestand für Gottes Gericht, das am „Tag des HERRN" stattfinden wird.

„Zu dir, HERR, rufe ich; denn ein Feuer hat die Weideplätze der Steppe verzehrt und eine Flamme alle Bäume des Feldes versengt." (Joel 1,19)

Dieser Vers drückt einerseits die Machtlosigkeit aus, der der Mensch angesichts der Folgen seines sündigen Lebens gegenübersteht, andererseits beschreibt es das Leiden der Natur. Der Mensch muss zusehen, wie alles um ihn herum außer Kontrolle geraten ist. Damals wie heute kann Feuer ganze Landschaften verwüsten. Selbst modernste Feuerwehrtechnik hat ab einem bestimmten Punkt nur noch die Wirkung eines sprichwörtlichen „Tropfens auf dem heißen Stein".

Auch in diesem Vers sind die Tiere die Leidtragenden. Das Feuer verzehrt die „Weideplätze", und vernichtet damit noch zusätzlich das, was nicht schon vorher durch die Dürre ruiniert wurde. Auch die „Bäume des Feldes" werden ein Opfer der Flammen.

Mit „Bäume des Feldes" ist ursprünglicher Wald gemeint, keine kultivierten Bäume. So unterscheidet die Bibel auch die „Tiere des Feldes" von domestizierten Tieren, die dann „Vieh" genannt werden, beispielsweise bei: „Und der Mensch gab Namen allem Vieh und den Vögeln des Himmels und allen Tieren des Feldes." (1. Mose 2,20) Hier wird also auch der Lebensraum wildlebender Tiere völlig vernichtet.

Im 21. Jahrhundert berichten die Medien immer öfter von Waldbränden. Oftmals breiten sich diese Feuerkatastrophen unkontrollierbar aus. Die Folgen für die Menschen, die dabei häufig alles Hab und Gut verlieren, sind dramatisch. Regelmäßig gibt es sogar Tote unter den Bewohnern oder Feuerwehrkräften. Bei der Tragik dieser Ereignisse bleibt verständlicherweise äußerst selten Raum, über die unzähligen Tiere zu berichten, die diesen Folgen der Klimaerwärmung zum Opfer fallen. Die Bibel weist an dieser Stelle indirekt darauf hin.

Angesichts der Machtlosigkeit, mit der der einzelne Mensch einer solchen Feuerhölle gegenübersteht, bleibt ihm nur noch, zu Jahwe, seinem Gott zu rufen. Beim Anblick des unermesslichen Schadens, den die Menschheit Gottes Schöpfung zufügt, wird vielen bewusst, dass nur bei dem Schöpfergott die Allmacht ist, diesen Schaden wieder zu reparieren und damit vielleicht auch die Menschheit zu retten, obwohl sie der Verursacher des Elends ist.

„Zu dir, HERR, rufe ich", schreibt der Prophet aus der Sicht eines Menschen, der sich seiner Schuld bewusst wird. Dabei hätte es niemand verdient, von Gott auch nur gehört zu werden. Aber als Christen dürfen wir uns darauf berufen, dass Jesus Christus das auf sich genommen hat, was wir als Sünder eigentlich verdient hätten. Und so wird Gott es auch hören, wenn wir zu ihm als Gläubige rufen. Er tut es an jedem Tag unseres Lebens. Und er tut es auch, wenn wir gedankenlos die Zukunft unserer Kinder verspielen. Während die Wälder auf unserem Planeten verbrennen, hört er das Rufen derjenigen, die seinen Namen kennen und preisen.

„Auch die Tiere des Feldes schreien lechzend zu dir;
denn vertrocknet sind die Wasserbäche, und ein Feuer
hat die Weideplätze der Steppe verzehrt." (Joel 1,20)

Selbst im letzten Vers des ersten Kapitels ist es dem
Propheten noch ein Anliegen, das Leid der Tiere deutlich
zu machen. Werden sie noch in den zehn Geboten (genauso wie die Frauen) als Besitztum angesehen, so kann
man sie hier durchaus als beseelte Wesen erkennen, die
von Gott wissen und deshalb zu ihm schreien. Offenbar
wissen sie, dass nur Jahwe sie vor dem Feuer, vor der
Dürre und den Menschen retten kann.

Der übermäßige Verbrauch des Grundwassers in den
Industrieländern hat in Verbindung mit dem vermehrten
Ausbleiben von Niederschlägen, dazu geführt, dass an vielen Orten der Grundwasserspiegel merklich gesunken ist.
Deutlich sieht man das bei besonders kleinen Bächen und
Flüssen, die dadurch oftmals (zeitweise oder gänzlich)
austrocknen. In diesen Fällen sterben mit dem Fehlen des
Wassers, alle Pflanzen und Tiere des Gewässers, was entsprechende Folgen für die angrenzende Tierwelt hat. Irgendwann wird, wie beim Absterben der Korallen, auch
der Mensch diese Folgen spüren. Da auch der Mensch im
21. Jahrhundert die Tierwelt oftmals nur als ökonomische
Ressource ansieht, wird es kaum jemand wahrnehmen, wie
die Tiere zu Jahwe schreien. Joel jedoch war offensichtlich
zu dieser Wahrnehmung fähig und gab diese Beobachtung,
die er als Vision von Gott bekommen hatte, als Teil der

Bibel an die heutige Generation weiter. Aber kaum ein Mensch kann noch das Schreien der Tiere zu Jahwe hören oder die Botschaft in Joels Worten verstehen.

In den ersten Versen des Joelbuches lässt Gott verkünden, dass alle Bewohner des Landes seine Botschaft hören sollen, denn letztlich versündigen wir uns alle täglich. Und wir alle und unsere Nachkommen werden den Preis dafür bezahlen müssen, was wir diesem Planeten antun. Die Anweisung „Erzählt euren Kindern davon und eure Kinder ihren Kindern und ihre Kinder der folgenden Generation" ist beinahe ein Befehl zur Beichte an die zukünftige Menschheit, wer für all die Katastrophen verantwortlich ist (falls es längerfristig eine zukünftige Menschheit geben sollte). Der Mensch scheint auf dem Weg zu sein, sich selbst auszurotten. Viele Tierarten hat er schon ausgerottet, auch dadurch, dass er durch Brandrodung Wald vernichtet hat, um Rinder für die Fleischproduktion zu züchten.

Die Liste der Sünden, die wir den kommenden Generationen und Gott zu beichten haben, ist schier endlos. Ob unsere Kinder und Enkel uns werden verzeihen können bleibt nur zu hoffen. Dass vorher der „Tag des HERRN" der Menschheitsgeschichte eine ganz andere Wendung gibt, scheint sich abzuzeichnen. In der Vergangenheit hat Gott oftmals die Reue und die Fähigkeit zur Umkehr der Menschen belohnt und einen neuen Anfang geschenkt. Aber niemals war die Menschheit dem „Tag des HERRN" so nah.

12. Das zweite Kapitel des Joelbuches:
Die Zeichen häufen sich

1 Blast das Horn auf Zion und erhebt das Kriegsgeschrei auf meinem heiligen Berg! Beben sollen alle Bewohner des Landes! Denn es kommt der Tag des HERRN, ja er ist nahe;

2 ein Tag der Finsternis und der Dunkelheit, ein Tag des Gewölks und des Wetterdunkels. Wie Morgengrauen ist es ausgebreitet über die Berge, ein großes und mächtiges Volk, wie es von Ewigkeit her nie gewesen ist und nach ihm nie mehr sein wird bis in die Jahre der Generationen und Generationen.

3 Vor ihm her verzehrt das Feuer, und nach ihm lodert die Flamme; vor ihm ist das Land wie der Garten Eden und nach ihm eine öde Wüste. Auch gibt es vor ihm kein Entrinnen.

(Joel 2,1-3)

Das erste Kapitel des Joelbuches hatte uns deutlich gemacht, wie sehr sich die Menschheit gegen Gott und seine Schöpfung versündigt hat. Gerade in unserer Zeit werden die Folgen des gottlosen, rücksichtslosen und gedankenlosen Verhaltens deutlich spürbar. Damit hat die Menschheit ein, sowohl metaphorisches als auch ganz reelles, Feuer entfacht, das sie nicht mehr kontrollieren kann.

Das zweite Kapitel beginnt damit, dass es wieder darauf hinweist, wie nahe der „Tag des HERRN" ist und durch welche Ereignisse wir erkennen können, dass der Tag bevorsteht. Dabei werden wir bei der Analyse der Verse feststellen, wie sehr der Text in unsere Zeit hineingeschrieben ist.

„Blast das Horn auf Zion", heißt es im ersten Vers. Mit „Horn" ist hier der „šôfār" gemeint, ein Blasinstrument, das sowohl zum militärischen Signalgeben als auch für den kultischen Gebrauch genutzt worden ist.[64] Zion heißt der Berg an der südöstlichen Stadtgrenze des vorisraelitischen Stadtstaats Jerusalem, auf dem der Tempel Jahwes stand. Die Zionstheologie, auch Jerusalemer Tempeltheologie genannt, wird allgemein als in sich geschlossenes theologisches Konzept der biblischen Zeit der Könige angesehen. Zentral ist dabei, dass Jahwe in Jerusalem auf dem Zionsberg in seinem Heiligtum wohnt.[65]

Im Christentum gibt es aber diese Vorstellung nicht mehr, dass Gott in einem irdischen Gebäude wohnt. Der dreieinige und allgegenwärtige Gott lebt in den Gläubigen, wenn sie ihren Glauben von ganzem Herzen leben. So lebt er praktisch in unseren Herzen. Im Epheserbrief schreibt Paulus, dass er vor Gott seine Knie beugt und für die Gemeinde in Ephesus bittet, dass: „Christus durch den Glauben in euren Herzen wohnt und ihr in Liebe gewurzelt und gegründet seid." (Eph 3,17)

Aus Sicht des Neuen Testaments sollen die Gläubigen ihren Herzen (den Wohnstätten Jahwes) einen sprichwörtlichen Stoß geben (das Šôfār-Horn blasen) und sich zum geistlichen Kampf bereit machen, denn der Teufel greift zum letzten Gefecht an.

Wenn sich die Menschen mehr bewusst wären, dass ihre Körper eine Wohnstätte Gottes sind, dann würden sie hoffentlich mehr darauf achten, diesen Körper nicht unnötig mit Drogen und gesundheitsschädigender Nahrung zu verschleißen. Ebenso widersinnig sind Risikosportarten. Offensichtlich glauben die Menschen in den reichen Ländern, dass die Ärzte jeden Fehler in der Lebensführung wieder ungeschehen machen können. Die Kosten für die ärztliche Versorgung nach einem sportlichen Adrenalinkick trägt die Allgemeinheit. Ebenso die Folgen von Drogen-/Alkoholmissbrauch und falscher Ernährung. Für diese dekadente Lebensweise hat Gott den menschlichen Körper sicher nicht geschaffen.

Etwa 100.000 Jahre überlebten unsere Vorfahren, deren Körper (ab der Geburt) mit denen der heutigen Zeit praktisch identisch waren, unter Lebensbedingungen, die für die meisten Menschen heutzutage tödlich wären. „Wir haben die Körper von Jägern und Sammlern", sagt Wissenschaftsautor Thilo Spahl auf n-tv.de. Gemeinsam mit Detlev Ganten und Thomas Deichmann hat Spahl das Buch „Die Steinzeit steckt uns in den Knochen" geschrieben, das 2010 zum Wissenschaftsbuch des Jahres gekürt wurde.[66] „Wir sind von Natur aus Läufer.", wird er von n-tv zitiert.

Diesen Körper, dessen Konstruktion der Menschheit über 100.000 Jahre das Überleben gesichert hat, lassen viele Menschen heute auf sträfliche Weise verkümmern. Die Strafe dafür wird kommen. Spätestens am „Tag des HERRN".

Der Zionsberg gilt vielen Juden und Christen als heilig. Wenn Gott nun die Herzen der Menschen als seinen Wohnort gewählt hat, was wäre dann der „heilige Berg" in unserer Zeit? Der Kölner Stadt-Anzeiger berichtet über das 12. Jahrhundert: „Köln war die vierte christliche Metropole neben Jerusalem, Byzanz und Rom, die die Bezeichnung Sancta, heilig, im Stadtnamen führen durfte."[67] Und der Kölner Dom, dessen Baubeginn 1248 war, durfte sich in den Jahren 1880–1884 „das höchste Gebäude der Welt" nennen.[68] Ein christliches Gotteshaus, hoch wie ein Berg.

In der heutigen Zeit setzt Köln andere Schwerpunkte. Im Jahr 2022 durfte sich Köln „Europäische Hauptstadt für Integration und Vielfalt" nennen. Dieser Preis mit dem Namen „European Capitals of Inclusion and Diversity" wird von der Europäischen Kommission verliehen. Aber Köln sieht sich auch sonst als Metropole: „Köln ist nicht umsonst die Hauptstadt des Karnevals (auf Kölsch „Fastelovend" genannt) in Deutschland. In der Karnevalssession, auch „fünfte Jahreszeit" genannt, kann der

Kölner sich ausleben, Unterschiede werden bedeutungslos, man feiert und trinkt zusammen"[69], meldet koeln.de unter der Überschrift: „11 Kölner Besonderheiten: Das ist typisch Kölsch!" Die Bedeutung der einst „heiligen Stadt" hat sich gewandelt.

Köln wird uns in den kommenden Versen noch öfter begegnen. Das Kriegsgeschrei auf dem heiligen Berg soll alle Bewohner des Landes zum Beben bringen! „Denn es kommt der Tag des HERRN, ja er ist nahe."

„Ein Tag der Finsternis und der Dunkelheit, ein Tag des Gewölks und des Wetterdunkels. Wie Morgengrauen ist es ausgebreitet über die Berge, ein großes und mächtiges Volk, wie es von Ewigkeit her nie gewesen ist und nach ihm nie mehr sein wird bis in die Jahre der Generationen und Generationen." (Joel 2,2)

Joel hat am Ende des ersten Verses von Kapitel 2 erwähnt, dass der „Tag des HERRN" nahe ist. Die Beschreibungen, die nun folgen, betreffen also nicht den Tag selbst, sondern die Zeit davor. Was am „Tag des HERRN", also am Tag des Gerichts stattfindet, wird hier noch nicht offenbart.

Der Prophet beschreibt das, was er von Gott in einer Vision gezeigt bekommen hat, als einen Tag des „Gewölks". Ein Volk, wie es nie gewesen ist, breitet sich über die Berge aus. Offenbar sind hier Berge gemeint, die um den zuvor erwähnten „heiligen Berg" liegen.

Um die „heilige" Stadt Köln scheint es keine Berge zu geben. Köln liegt am Rhein, in der sogenannten „Kölner Bucht".[70] Sie wird auch „Köln-Bonner Rheinebene" genannt. Also offenbar eine sehr ebene Landschaft. Und trotzdem gibt es Berge in und um Köln. Relikte aus der Zeit des Zweiten Weltkrieges. Die „Kölner Trümmerberge".[71] Insgesamt gibt es elf Trümmerbergen im Kölner Stadtgebiet. Die größte Aufschüttung nennt sich Herkulesberg.

In Vers 2 wird von „Gewölk" gesprochen. Vordergründig sollte damit der Eindruck von einem verdunkelten Himmel beschrieben werden. Bei den Menschen in Mitteleuropa war ein bewölkter Himmel sicher in den letzten 2.000 Jahren mit einem unguten Gefühl verbunden. Wolken konnten Regen bedeuten. Die Menschen würden nass werden. Wer wollte das schon?

Aber im ersten Kapitel des Joelbuches haben wir wiederholt beschrieben bekommen, wie sehr die Adressaten dieser Prophetie unter Dürre, unter ausbleibendem Regen zu leiden haben. Und in einem Landstrich wie Israel, das immer wieder mit Hungersnöten zu kämpfen hatte, war Regen sicher lebensnotwendig. Ein „Land, wo Milch und Honig fließt" war es nur, bevor es von dem Volk Israel erobert wurde. Die Begriffe „Milch und Honig" werden später in der Bibel nur rückblickend erwähnt, wenn man sich an die Zeit der Eroberung erinnerte. Dass der Regen ein lebensspendendes Geschenk Gottes ist, haben auch die Israeliten gewusst. In Psalm 147,7-9 haben sie dies in einem Loblied festgehalten: „Stimmt dem HERRN ein Danklied an, spielt unserem Gott auf der Zither! Ihm, der den Himmel mit Wolken bedeckt und Regen bereitet der Erde; der Gras sprossen lässt auf den Bergen; der dem Vieh sein Futter gibt, den jungen Raben, wonach sie schreien."

In der heutigen Zeit, in der die westlichen Gesellschaften sich von der Natur entfernt haben, in der man durch künstliche Bewässerung immer weniger auf Regen angewiesen zu sein scheint, bekommt der Begriff „Wolke" (auf Englisch: Cloud) eine neue Bedeutung.

In Bezug auf die heutige Technologie ist eine „Cloud" ein Netzwerk von Rechnern, die durch das Internet verbunden sind. Beispielsweise kann ein Nutzer Daten in einer „Cloud", also auf fremden Computern, speichern. Das hat für den Nutzer mehrere Vorteile, hier nur eine Auswahl[72]:

- Der Nutzer benötigt dafür keinen dauerhaften Speicherplatz auf dem eigenen Rechner.

- Der Nutzer kann auch von weiteren Rechnern aus auf die Daten zugreifen. Er ist nicht an den eigenen Rechner gebunden.

- Sollten Daten auf dem eigenen Rechner gelöscht sein, kann er die Daten in der „Cloud" immer noch als Backup benutzen.

Eine „Cloud" hat also im Digitalzeitalter eine völlig neue Bedeutung. Sicher war für den Propheten Joel vor etwa 2.700 Jahren die heutige Technologie etwas, das er nicht einmal ansatzweise verstehen konnte. Aber er beschrieb es mit den Begriffen, die die Menschen der damaligen Zeit kannten.

Was hat die „Cloud" nun mit der ehemals heiligen Stadt Köln zu tun? Wobei natürlich fraglich ist, ob überhaupt eine Stadt auf diesem Planeten wirklich heilig sein kann. Einer der größten Internetknoten (Austauschpunkte für den Datenverkehr) der Welt befindet sich in Frankfurt am Main. Der Betreiber hat aber seinen Sitz in Köln. Das gesamte Internet, und damit auch eine „Cloud" könnte ohne diese Internetknoten nicht funktionieren.

In diesem Zusammenhang wäre der Text von Joel 2,2 ein Hinweis auf die bedrohlichen Aspekte des Internets.

Die Worte: „Ein Tag der Finsternis und der Dunkelheit", sollen in der Zeit vor dem „Tag des HERRN" auf die ungeheuren Möglichkeiten hinweisen, die Mächte mit dunklen Absichten durch das Internet haben.

„Ein Tag des Gewölks und des Wetterdunkels", warnt vor den Risiken, wenn durch das Internet beinahe alles mit allem verbunden ist. Dunkle Mächte können Anschläge auf die Infrastrukturen von Ländern verüben, die geschädigt werden sollen.

„Wie Morgengrauen ist es ausgebreitet über die Berge." Die Berge um Köln, der ehemals heiligen Stadt, bestehen aus Schutt, den man nicht mehr gebrauchen konnte. So werden die dunklen Mächte auch den „Dreck" des Internets nutzen, um die Gläubigen und die Menschheit anzugreifen.

„Ein großes und mächtiges Volk, wie es von Ewigkeit her nie gewesen ist." Die Angriffe werden auf eine Art geführt, wie man sie bisher noch nie hatte führen können. Die heutigen Möglichkeiten des Internets bieten das Potential dafür.

„Und nach ihm nie mehr sein wird bis in die Jahre der Generationen und Generationen." Da der „Tag des HERRN" diesen Auswüchsen ein Ende setzen wird, bleiben die Möglichkeiten der digitalen Angriffe auch auf die Zeit vor dem Tag des Gerichts begrenzt.

Die Botschaft des Joelbuches konnte also in den vielen Jahrhunderten, die zwischen seiner Niederschrift und der heutigen Zeit liegen, gar nicht wirklich verstanden werden. Die weiteren Verse beschreiben die Cyberangriffe der dunklen Mächte genauer. Die Zeichen der Zeit kann man im Lichte der Bibel nur schwer übersehen.

„Vor ihm her verzehrt das Feuer, und nach ihm lodert die Flamme; vor ihm ist das Land wie der Garten Eden und nach ihm eine öde Wüste. Auch gibt es vor ihm kein Entrinnen." (Joel 2,3)

Auch in diesem Vers drängt sich der Vergleich zur Kriegsführung im Digitalzeitalter auf. Wer seinen Computer oder sein Netzwerk vor Angriffen, bzw. unerlaubten Zugriffen, schützen möchte, benötigt u.a. eine sogenannte „Firewall"[73]. Die wörtliche Übersetzung würde etwa „Brandmauer" lauten. Also eine Mauer, die vor feindlichem Feuer schützt.

Der Satz „Auch gibt es vor ihm kein Entrinnen" zeigt, dass es vor dem Feuer der feindlichen Nation kein Entrinnen gibt. Die „Firewalls" können ihre Zwecke nicht mehr erfüllen. Wenn man die eigenen Computer und IT-Systeme nicht einfach vom Netz nehmen kann, weil alles mit dem Internet verbunden sein muss, dann wird es immer schwieriger, effiziente „Firewalls" zu installieren. Wenn beinahe alle Daten in „Clouds" gespeichert sind, dann muss man praktisch ständig mit fremden Rechnern verbunden sein. Sollte man aus Sicherheitsgründen die Internetverbindung kappen, dann kommt man an seine eigenen Daten nicht mehr heran. Mit dieser Abhängigkeit von der Cloud, entscheidet die Zuverlässigkeit der „Firewall" ob das eigene, digitale Konzept funktionsfähig ist oder nicht.

Viel dramatischer wird es, wenn öffentliche Infrastrukturen ständigen Internetzugang haben müssen, um arbeitsfähig zu sein. Damit machen sich Bereiche wie Krankenhäuser oder Stromanbieter von außen angreifbar. Wenn Aggressoren von außen die Systeme hacken können, weil die Firewalls überwunden wurden, dann kann es zum Kollaps dieser Bereiche führen, was fatale Folgen für die Gesellschaft hätte. Am 24.08.2018 meldete die „Frankfurter Rundschau" auf ihrer Webseite: „Ein Hackerangriff auf deutsche Energieversorger könnte einen europaweiten Stromausfall auslösen, warnen deutsche Sicherheitsbehörden."[74]

Bisher lebten viele westliche Gesellschaften praktisch in einem „Garten Eden". Der Konsum wurde in vielen

Bereichen auf „Flatrates" umgestellt. Musik und Filme kauft man nicht mehr, sondern man bezahlt nur noch die entsprechende „Flatrate". Dass damit die Künstler, die diese Werke erschaffen haben, meist kaum etwas vom Gewinn der Anbieter abbekommen, ist nur einer der vielen negativen Effekte. Ein weiterer ist, dass etwas, was zu einer Flatrate gehört, in der Wahrnehmung des Nutzers an Wert verliert. Ein musikalisches Werk ist dann beispielsweise immer nur eines von millionen Werken, auf die man Zugriff hätte. Die Umstellung auf Cloudcomputing hat sowohl sicherheitstechnisch, als auch ethisch eine sehr fragwürdige Wirkung.

Ein Feind, der die entsprechende kriminelle Energie an den Tag legt, hat hier ein Einfallstor, das ihm ermöglicht, die entchristlichte Gesellschaft Europas zu zerstören. Dazu muss kein feindlicher Soldat Europa betreten. Die bequeme Gesellschaft bietet über digitale und wirtschaftliche Abhängigkeiten eine Unzahl von Angriffsmöglichkeiten.

Wenn Joel beobachtet „Auch gibt es vor ihm kein Entrinnen", dann haben die ehemals christlichen Gesellschaften sich selbst jeder Chance zum Entrinnen beraubt, indem sie glaubten, in ihrem selbstgemachten „Garten Eden" wäre Bequemlichkeit wichtiger als Sicherheit und Gottesnähe. Aber Gott wurde von Jahr zu Jahr ferner gehalten. Das Christentum ließ man vertrocknen. Das Feuer des Feindes wird nur noch „öde Wüste" hinterlassen.

13. Viele Umschreibungen
mit dem Wort: „wie"

4 Sein Aussehen ist wie das Aussehen von Pferden; und wie Reitpferde, so rennen sie.

5 Wie das Rasseln von Kriegswagen ⟨klingt es,⟩ hüpfen sie über die Gipfel der Berge; wie das Prasseln der Feuerflamme, die Stoppeln verzehrt; ⟨sie sind⟩ wie ein mächtiges Volk, zum Kampf gerüstet.

6 Vor ihm zittern die Völker, alle Gesichter erglühen.

7 Wie Helden rennen sie, wie Kriegsleute ersteigen sie die Mauer; und sie ziehen, jeder auf seinem Weg, und ihre Pfade verlassen sie nicht;

8 und keiner drängt den anderen, sie ziehen, jeder auf seiner Bahn; und sie stürzen zwischen den Waffen hindurch, ⟨ihr Zug⟩ bricht nicht ab.

9 Sie überfallen die Stadt, rennen auf die Mauer, steigen in die Häuser; durch die Fenster dringen sie ein wie der Dieb.

10 Vor ihnen erbebt die Erde, erzittert der Himmel; Sonne und Mond verfinstern sich, und die Sterne verlieren ihren Glanz.

(Joel 2, 4-10)

Die Verse dieses Abschnitts beschreiben Kriegshandlungen, aber benutzen wiederholt das Wort „wie". Offenbar sieht der Prophet Joel etwas in seiner Vision, bei dem er sich nicht sicher ist, was er eigentlich sieht. Möglicherweise bekommt er seine Botschaft von Gott auch in Worten, die er weitergeben soll und der eigentliche Inhalt lässt sich mit dem Vokabular der damaligen Zeit nicht wiedergeben. Um das zu beschreiben, was eigentlich gemeint ist, für das es damals aber noch keinen Begriff gab, musste man es umschreiben. Dafür brauchte man die Formulierung „wie".

Das, von dem Vers 4 berichtet, vergleicht Joel mit Pferden. Die drei vorangegangenen Verse haben uns schon gezeigt, dass vieles in Bezug auf die heutige Zeit darauf hindeutet, dass hier ein Cyberangriff beschrieben wird. Bei einem solchen Angriff auf digitalem Weg würde der Aggressor auch sogenannte „Trojaner" einsetzen. Der Name leitet sich metaphorisch vom Trojanischen Pferd der antiken Mythologie ab.

Als „Trojaner" (englisch: Trojan horse) bezeichnet man im EDV-Jargon ein Computerprogramm, das vorgibt, eine nützliche Anwendung zu sein, aber im Hintergrund ohne Wissen des Nutzers meist eine schädliche Funktion ausführt.[75]

In Vers 4 beschreibt Joel das in Vers 2 erwähnte „große und mächtige Volk" mit Pferden. Ein ganzes Volk von Pferden wäre selbst für die Bibel allzu exotisch. Da liegt es doch näher, dass die angreifende Armee aus digitalen Bits und Bytes besteht und aus der Cloud heraus (Vers 2) die Firewall (Vers 3) überwindet und so über das Highspeed-Internet Schadprogramme (Trojaner aus Vers 4) installieren kann. Mit dem Wort „wie" macht der Prophet deutlich, dass er nicht von wirklichen Pferden spricht, sondern dass es nur ein Vergleich mit den „trojanischen Pferden" im EDV-Bereich ist. Erst im Zusammenhang mit den Versen 2 und 3 wird für den Leser, der die Kriegsführung des 21. Jahrhunderts kennt, deutlich, was eigentlich gemeint ist.

„Wie das Rasseln von Kriegswagen ⟨klingt es,⟩ hüpfen sie über die Gipfel der Berge; wie das Prasseln der Feuerflamme, die Stoppeln verzehrt; ⟨sie sind⟩ wie ein mächtiges Volk, zum Kampf gerüstet."   *(Joel 2,5)*

Auch hier kann Joel nur mit Vergleichen das beschreiben, was für seine Zeitgenossen gar keinen Sinn ergeben konnte. Die Angreifer hüpfen über die Gipfel der Berge und machen dabei Geräusche, die klingen wie das Rasseln von Kriegswagen. Das gleicht eher einer Karikatur. Wirklich schrecklich wären die Kriegswagen, aber hier gibt es keine Kriegswagen, nur deren Geräusche. Letztlich scheint Joel auch hier nicht verstanden zu haben, was er eigentlich berichtet. Das konnte er auch nicht, da er wieder etwas beschreibt, das nur in den Mikrochips unserer heutigen Computer stattfindet.

Im Umfeld von Köln, der ehemals heiligen Stadt, in der der Betreiber eines der größten Internetknoten der Welt seinen Sitz hat, gibt es die 11 Trümmerberge mit dem Schutt der Vergangenheit. Um Joel irgendwie deutlich zu machen, dass der digitale Angriff im 21. Jahrhundert über die metaphorischen „Müllberge des Internets" erfolgen wird, mussten wieder die „Wie"-Vergleiche herangezogen werden. Beispielsweise versagen bei vielen Internet-Usern die Sicherheitsvorbehalte, wenn es um nackte Haut auf dem Bildschirm geht. Bei der Nutzung solcher „Müll"-Webseiten, kann dann auch mal eine Schadsoftware unbemerkt auf den Rechner gelangen.

Über die Gipfel der (Internetmüll-)Berge wird die Feuerflamme der digitalen Angreifer die Firewall überwinden. Der Angreifer hat den Vorteil, dass er zum Kampf gerüstet ist. Viele Länder Europas sind auf diese Cyberangriffe nur schlecht vorbereitet.

„Vor ihm zittern die Völker, alle Gesichter erglühen."
(Joel 2,6)

Diese Cyberattacke wird die Angegriffenen zum Zittern bringen, wenn ihnen der Ernst der Lage bewusst wird. Die Beschreibung: „Alle Gesichter erglühen", bringt die Scham zum Ausdruck, wenn die Verantwortlichen der angegriffenen Nationen aus ihrer Realitätsverweigerung aufwachen wie die Weinsäufer aus ihrem Rausch (Joel 1,5).

Deutschland ist auf Cyberangriffe schlecht vorbereitet. Die Webseite swr3.de antwortet auf die Überschrift „Hackerattacken auf kritische Infrastruktur: Wie sicher sind wir in Deutschland vor Cyber-Angriffen?[76]" im darauffolgenden Text mit: „Cyberangriffe auf kritische Infrastruktur: Wir sind eher schlecht gerüstet".

Die Bundeswehr hat im Jahr 2022 an der NATO-Übung Locked Shields teilgenommen[77], wie auf dem Internetauftritt der Bundeswehr (www.bundeswehr.de) nachzulesen ist. Viele klassische Medien haben allerdings nicht darüber berichtet.

Dass man sich international der Gefahr der digitalen Kriegsführung bewusst ist, zeigt sich daran, dass Locked Shields die weltweit größte, komplexeste und fortschrittlichste multinationale Übung zur Cyber-Sicherheit ist. Diese „Live-Fire Cyber Defence Exercice" simulierte in Echtzeit die Abwehr von Angriffen auf Computernetzwerke und Informationstechnik-Systeme in kritischen Infrastrukturen. Insgesamt 2.000 militärische und zivile IT-Informationstechnik-Fachleute bildeten die Teams aus bis zu 37 NATO-Mitgliedstaaten. Die technischen Expertinnen und Experten im IT-Bereich übten dabei überwiegend dezentral von ihren Heimatstandorten aus.

Trotz der Gefahren hat die Erfindung des Internets großen Nutzen für die Menschheit gebracht. Vieles ist einfacher geworden. Die Möglichkeiten, den Menschen Bildung zu vermitteln, haben sich extrem gesteigert. Während der harten Corona-Lockdowns konnte oft nur mittels Online-Unterricht der Schulbetrieb weitergehen. Und auch in der christlichen Mission ist das Internet nicht mehr wegzudenken. Aber die Macht des Internets, vom wichtigsten Propagandawerkzeug bis hin zum Instrument der Kriegsführung, ist viel zu wenig ins Bewusstsein der Öffentlichkeit gelangt.

„Wie Helden rennen sie, wie Kriegsleute ersteigen sie die Mauer; und sie ziehen, jeder auf seinem Weg, und ihre Pfade verlassen sie nicht." (Joel 2,7)

Wieder muss sich Joel mit Vergleichen behelfen: „Wie Helden rennen sie, wie Kriegsleute ersteigen sie die Mauer." Bei physischen Kämpfern und Soldaten würde man das Wort „wie" nicht nutzen müssen. Aber die „Bots" und „Trolls" der Schadprogramme lassen sich nun einmal einsetzen „wie" Kriegsleute. Sie verfolgen die Aufgaben, für die sie programmiert sind „und verlassen ihre Pfade nicht". Wenn sie die „Firewalls" überwunden haben, können sie praktisch ungehindert die Schäden anrichten, für die sie ihre Programmierer geschaffen haben: Energieversorger außer Betrieb setzen, Waffensysteme lahmlegen, Kommunikation blockieren. Dazu sind sie fähig, weil sie nur aus digitalen Codes bestehen, aber „wie" Soldaten handeln können.

„Wie Helden rennen sie", beschreibt Joel das kamikazehafte Vorpreschen dieser digitalen Krieger. Einen Helden macht aus, dass er trotz Gefahr für das eigene Leben eine Tat ausübt, die für die eigene Gruppe von großem Nutzen ist. Und die Angreifer aus unserem Vers verhalten sich offenbar alle wie Helden. Die eigene Existenz ist ihnen unwichtig. Das liegt daran, dass trotz des Fortschritts in der IT-Technologie, eine Software kein eigenes Bewusstsein hat. Ein Schadprogramm hat nun einmal keinen Selbsterhaltungstrieb. Es übt seinen programmierten Auftrag aus, selbst wenn es dadurch entdeckt und gelöscht werden sollte. Das wäre beinahe heldenhaft, wenn es sich nicht nur um Bits und Bytes handeln würde.

Joel kannte keine Computer. Der Angriff, den er aufschreiben sollte, war etwas, was seine Vorstellung überstieg. Selbst im 21. Jahrhundert ist für viele Bürger ein Cyberkrieg nur schwer nachzuvollziehen. Aber in der Zeit vor dem „Tag des HERRN" ist es leider grausame Realität. Und dieser Realität sollen wir uns stellen.

„Und keiner drängt den anderen, sie ziehen, jeder auf seiner Bahn; und sie stürzen zwischen den Waffen hindurch, ⟨ihr Zug⟩ bricht nicht ab." (Joel 2,8)

Mit der immer höher werdenden Geschwindigkeit der Datenübertragung im Internet, wird es für Kriminelle in der IT-Branche auch immer einfacher, Computer und Systeme anzugreifen. Mit dem neuen Mobilfunkstandard 5G ist die Übertragungsgeschwindigkeit von Daten um ein Vielfaches höher als beim vorangegangenen 4G-Netz. In der Pressemitteilung der Europäischen Kommission zum Bericht über die EU-weit koordinierte Risikobewertung von 5G-Netzen, werden „mehrere große Sicherheitsprobleme genannt, die in 5G-Netzen auftreten[78]". Konkret ist davon auszugehen, dass der Aufbau der 5G-Netze folgende Auswirkungen haben wird: „Eine erhöhte Angriffsgefahr und mehr potenzielle Ansatzpunkte für Angreifer: Da 5G-Netze zunehmend auf Software basieren, steigen die Risiken im Zusammenhang mit größeren Sicherheitslücken, z. B. wegen mangelhafter Softwareentwicklungsprozessen bei Lieferanten. Dadurch könnte es auch für Angreifer leichter werden, Hintertüren in die Produkte einzubauen und deren Erkennung zu erschweren."

Das bedeutet im Zusammenhang mit unserem Bibelvers (Joel 2,8), dass bei der immer höher werdenden Geschwindigkeit der Datenübertragung das Installieren von Schadsoftware über das Internet immer leichter wird. In den relativ langsamen Netzen der Vergangenheit brauchte es noch eine gewisse Zeit, bis ein Virenprogramm übertragen und installiert werden konnte. Heute wird mit Geschwindigkeiten geworben, die man mit dem Begriff „Echtzeit" betitelt.

So sind sich die Trojaner, Bots und Trolls bei ihren digitalen Angriffen nicht mehr selbst im Weg. Man kann beinahe endlos viel Schadsoftware einschleusen, wenn eine Firewall erst mal durchbrochen ist. Die biblische Formulierung „sie stürzen zwischen den Waffen hindurch, ⟨ihr Zug⟩ bricht nicht ab" beschreibt diesen Sachverhalt sehr anschaulich.

Genauso, wie die Menschheit mit der Erfindung des Besitztums eine Sünde begangen hat, mit der sie sich selbst aus dem Paradies vertrieben hat, so ist sie im Moment dabei, sich mit ihrer selbstgewählten Abhängigkeit von digitalen Produkten in die Hände von Diktatoren zu begeben. Und wenn die Menschheit sich auch weiter ökologisch derart massiv an der Natur versündigt, wird sie sich nicht nur aus dem Paradies vertrieben haben, sondern sich selbst vom Angesicht der Erde eliminieren.

„Sie überfallen die Stadt, rennen auf die Mauer, steigen in die Häuser; durch die Fenster dringen sie ein wie der Dieb." (Joel 2,9)

Auch hier wandelt sich (ebenso wie bei dem Wort „Wolke") die Bedeutung eines Begriffs, wenn man ihn im Kontext eines Cyberangriffs liest und in der weltweit gebräuchlichsten Verkehrssprache bzw. bedeutendsten Weltsprache. Das Wort „Fenster" (plural) wird im Englischen mit „windows" wiedergegeben. „Windows" ist aber auch der Name eines Betriebssystems für Computer. Natürlich gibt es noch weitere Betriebssysteme für PCs.

Sehr kurzgefasst ist ein Betriebssystem eine Software, die dem Benutzer ermöglicht, andere Anwendungen auf dem Computer bzw. Smartphone auszuführen. Das Betriebssystem bildet damit die Schnittstelle zwischen den Hardware-Komponenten und der genutzten Anwendungssoftware. Betriebssysteme für Smartphones sind z.B. „Android OS", 2iOS", „Windows Mobile".

In unserem Bibelvers benutzt Joel wieder das Wort „wie", das deutlich macht, dass er seine Beobachtung nur mit Vergleichen wiedergeben kann. Die Angreifer dringen in die Häuser ein, „wie" ein Dieb. Diebe verrichten ihre Taten im Gegensatz zu Räubern meist unbemerkt. Wenn das Opfer entdeckt, dass es bestohlen wurde, dann ist es oft schon zu spät, dann kann der Täter nicht mehr zur Rechenschaft gezogen werden.

Ähnlich wie Diebe verhalten sich auch Schadprogramme. Je nach Betriebssystem des anvisierten Computers dringen sie durch eine Sicherheitslücke, im Vers auch „Fenster" (engl. „windows") genannt, in das System ein und verrichten unbemerkt wie ein Dieb die Infiltration.

Wenn in Vers 9 „die Stadt" überfallen wird, dann hatten bisher viele Ausleger damit „die heilige Stadt Jerusalem" gesehen. Aber der Zusammenhang der Verse 2 bis 9 macht eher deutlich, dass es sich um einen Angriff auf die „heilige Stadt Köln" in Bezug auf eine groß angelegte Cyberattacke handelt. Wenn Europa über den Internetknotenpunkt in Frankfurt technisch lahmgelegt wird, dann ist ein konventioneller Krieg nicht mehr nötig. Allerdings hat ein Angreifer, der die geschwächten Länder Europas dennoch mit Soldaten und Panzern erobern möchte, leichtes Spiel, wenn die digitale Infrastruktur nicht mehr funktioniert.

„Vor ihnen erbebt die Erde, erzittert der Himmel;
Sonne und Mond verfinstern sich, und die Sterne
verlieren ihren Glanz." (Joel 2,10)

Mögen die Katastrophen, die Joel bisher beschrieben
hat, alle menschengemacht sein, so geschieht dennoch
nur das, was Gott trotz alledem zulässt. Denn als Gott ist
er allmächtig. Es ist zwar mit menschlichen Möglichkeiten nicht vollends zu verstehen, wie ein liebender Gott all
die kleinen und großen Katastrophen zulassen kann, denen wir im täglichen Leben begegnen, aber letztlich wird
Jahwe in der Bibel als Schöpfer beschrieben, der den
Menschen ihre Freiheit lässt und trotzdem in die Weltge-
schichte eingreift, wenn es notwendig wird.

Die Menschheit hat mehr als 100.000 Jahre im Einklang mit dem Rest der Schöpfung gelebt. Das funktio-
nierte so gut, dass die Psyche des modernen Menschen
immer noch, nach Meinung vieler Wissenschaftler, auf
dem Stand eines Steinzeitmenschen und damit für das
moderne Leben schlecht eingestellt ist. Ein Theologe
würde es wohl so ausdrücken: Gott hat uns nicht für das
anonyme Leben in Großstädten geschaffen, sondern für
die Gemeinschaft in Gruppen, wie sie etwa Kirchengemeinden bieten.

Gott wusste, dass die Menschen das Ende ihrer Existenz selbst herbeiführen würden. Jahwe als ein Wesen, das

außerhalb von Zeit und Raum existiert, kennt den Ausgang der Menschheitsgeschichte schon, bevor die Ereignisse geschehen. Deshalb ist das Verderben, dem sich beispielsweise das christliche Europa selbst ausliefert, insofern ein Teil von Gottes Gericht, da Gott die finsteren Mächte nutzt, um die Menschheit für ihre Gottlosigkeit zu strafen.

Vers 10 berichtet von Sternen, die ihren Glanz verlieren, von Sonne und Mond, die sich verfinstern. Ereignisse, an denen zu erkennen ist, dass der Allmächtige in Aktion tritt. Wenn die Menschheit sich so mächtig wie noch nie glaubt, dann muss Gott nur Himmel und Erde erzittern lassen, um zu zeigen, dass er die wahre Macht hat.

Für die Menschengruppen, die in den 100.000 Jahren vor der Sesshaftwerdung in gottgewollter Weise auf der Erde gelebt hatten, war ein Erdbeben zwar erschreckend, aber es beeinflusste ihren Alltag nur wenig. Die Clans, die in Gruppen von etwa 50 bis 100 Personen durch die Savannen streiften, werden es wohl als göttliches Ereignis wahrgenommen haben, aber es stürzten keine Häuser über ihnen ein, denn es gab noch keine Häuser. Ganz anders ist das in der heutigen Zeit. Wenn Gott da Himmel und Erde erzittern lässt, dann kostet das viele Menschenleben. Der Mensch hat sein Leben gleichzeitig bequem und kompliziert gemacht. Fern von Gott und der Natur.

Gruppengrößen von jeweils 50-100 Menschen hatten jahrtausendelang das Überleben gesichert. Die Menschen teilten das, was sie hatten. Besitz war nur das, was man am Körper tragen konnte. Vor 2.000 Jahren hatte Jesus nicht zufällig bei dem Wunder der „Speisung der Fünftausend" die Menschen in Gruppen zu 50-100 Menschen zusammenkommen lassen. „Und er befahl ihnen, sich alle nach Tischgemeinschaften auf dem grünen Grase zu lagern. Und sie lagerten sich in Gruppen zu je hundert und je fünfzig (Markus 6, 39-40)". In dieser Größe funktionieren Gemeinschaften seit Menschengedenken. Städte oder Großstädte sind praktisch „wider die Natur".

Dabei verlangt Gott nicht die Rückkehr zum Nomadenleben. Wie wir zu Joel 2,15-16 erarbeiten werden, spricht das Joelbuch eher davon, dass die Gläubigen Gott im Herzen wohnen lassen, (im christlichen Sinne) fasten und sich in Gottesdiensten versammeln sollen.

Wenn Gott heutzutage mit kosmischen Ereignissen auf sich aufmerksam macht, weil er sonst nicht gehört wird, dann sollte uns dieser Schrecken daran erinnern wie weit wir uns von dem Zustand entfernt haben, den Gott bei der Erschaffung von Adam und Eva gewollt hat.

14. Der HERR spricht

11 Und der HERR lässt vor seiner Heeresmacht her seine Stimme erschallen, denn sein Heerlager ist sehr groß, denn der Vollstrecker seines Wortes ist mächtig. Denn groß ist der Tag des HERRN und sehr furchtbar. Und wer kann ihn ertragen?

12 Doch auch jetzt, spricht der HERR, kehrt um zu mir mit eurem ganzen Herzen und mit Fasten und mit Weinen und mit Klagen!

13 Und zerreißt euer Herz und nicht eure Kleider und kehrt um zum HERRN, eurem Gott! Denn er ist gnädig und barmherzig, langsam zum Zorn und groß an Gnade, und lässt sich das Unheil gereuen.

14 Wer weiß, ⟨vielleicht⟩ wird er umkehren und es sich gereuen lassen und Segen hinter sich zurücklassen: Speisopfer und Trankopfer für den HERRN, euren Gott!

15 Blast das Horn auf Zion, heiligt ein Fasten, ruft einen Feiertag aus!

16 Versammelt das Volk, heiligt eine Versammlung, bringt die Ältesten zusammen, versammelt die Kinder und die Säuglinge an den Brüsten! Der Bräutigam trete aus seiner Kammer und die Braut aus ihrem Brautgemach!

17 Die Priester, die Diener des HERRN, sollen weinen zwischen Vorhalle und Altar und sagen: HERR, blicke mitleidig auf dein Volk und gib nicht dein Erbteil der Verhöhnung preis, sodass die Nationen über sie spotten! Wozu soll man unter den Völkern sagen: Wo ist ihr Gott?

(Joel 2,11-17)

Zunächst einmal scheint es sehr erschreckend zu sein, dass all das globale Unheil, unter dem die Menschheit heutzutage als Folge der eigenen Unvernunft und Gottlosigkeit leidet, letztlich die „Vollstreckung von Gottes Wort" ist. Gott ist der Handelnde. Die Heeresmacht, die diesen Planeten bedroht, ob digital oder physisch, ist Teil von Gottes Gericht. Das Heerlager ist sehr groß, weil Gott es zugelassen hat, dass es groß wird. Auch wenn es die Menschen selbst sind, die diesen Planeten beinahe unbewohnbar machen, so sind es doch Gottes Naturgesetze, denen wir uns beugen müssen.

„Und der HERR lässt vor seiner Heeresmacht her seine Stimme erschallen", heißt es in Vers 11. Selbst die finsteren Mächte, die mit Drohungen, heimtückischen Angriffen, mit Hunger und Terror die Nachbarländer bedrohen, berufen sich darauf, die „Vollstrecker seines Wortes" zu sein.

Viele Staatsführer nehmen für sich in Anspruch, Gott auf ihrer Seite zu haben. „Ich bin der Auserwählte", so Präsident Trump, laut deutschlandfunk.de in einem Bericht aus dem Jahr 2020, bei einer Pressekonferenz im Zusammenhang mit seiner China-Politik. Später erklärte er, er habe nur einen Witz gemacht. Doch für viele seiner Anhänger scheint die Vorstellung von einem von Gott gesandten Präsidenten gar nicht so fragwürdig. Der Politologe Paul Djupe von der Denison University in Ohio, der sich auf das Zusammenspiel von Religion und Politik spezialisiert hat, ermittelte in einer Umfrage, dass erstaunlich viele Kirchgänger der Aussage zustimmen, Trump sei „der von Gott Gesalbte". Je öfter die Befragten eine Kirche besuchten, desto größer ihre Neigung, die Aussage zu unterstützen.[79]

Auch der russische Präsident Putin hat eine sehr nützliche Nähe zur russisch-orthodoxen Kirche aufgebaut. Der Internetauftritt des Deutschlandfunks nennt sie bereits 2015 „Putins Propagandabteilung".[80] Letztlich geht es allen politischen Führern um Macht. Und zum Ausbau dieser Macht vereinnahmen sie die Gläubigen. In Russland ist das die russisch-orthodoxe Kirche, in den USA ist es die religiöse Rechte.

Vor den Heeren vieler Mächte, die Europa von sich abhängig machen wollen, erschallt also eine angebliche „Stimme des HERRN". Aber erst am „Tag des HERRN" wird man seine Stimme hören, wenn er als Richter zu den Menschen spricht. Die Heere, mit denen sich die Menschheit im Moment versucht, gegenseitig auszulöschen, sind nur die Vollstrecker seines Wortes. In nächsten Vers wird Gottes Wort kurzgefasst: „Kehrt um zu mir mit eurem ganzen Herzen und mit Fasten und mit Weinen und mit Klagen!" Wer das nicht ernst nimmt, der muss den Vollstrecker fürchten. Und im Augenblick scheint die Menschheit selbst ihr eigener Vollstrecker zu sein.

„Doch auch jetzt, spricht der HERR, kehrt um zu mir mit eurem ganzen Herzen und mit Fasten und mit Weinen und mit Klagen!" (Joel 2,12)

Was wäre, wenn (rein hypothetisch gedacht) die ganze Menschheit umkehren würde? Wenn alle Menschen sich zum Glauben an Jesus Christus bekehrten? Wenn sie ihre eigene Versündigung gegen Gottes Schöpfung erkennen würden und dies mit einem Klagen (einer Selbstanklage) zum Ausdruck bringen würden? Wenn jeder Mensch zur Einsicht käme, dass er im klassischen christlichen Sinne fasten müsse, d.h. sich auf eine vegetarische Lebensweise umstellt?

Hätten wir dann den Himmel auf Erden? Die Bibel gibt darauf keine Antwort, denn den Himmel werden wir erst im Himmel haben. Das letzte Buch der Bibel, „Die Offenbarung des Johannes", berichtet, dass nach dem „Tag des Gerichts", ein neuer Himmel und eine neue Erde geschaffen wird (Offb 21,1). Auch Jes 65,17 berichtet davon. Ebenso 2Petr 3,13.

Gott, der über alle Vorstellung hinaus die Vergangenheit und Zukunft kennt weiß, dass die Menschen nicht fähig sind, als globale Gemeinschaft friedlich und nachhaltig miteinander zu leben. Das Angebot „kehrt um zu mir" gilt für alle Menschen, aber nur wenige werden es annehmen. Die Menschheit in ihrer Gänze wird nicht ein gottgefälliges Leben führen können, aber innerhalb von Gemeinschaften von 50 bis 100 Personen, ist ein solches Leben möglich.

Selbst die Versuche mancher Länder einen Gottesstaat auszurufen, haben gezeigt, dass solche Projekte eher die Hölle auf Erden werden, statt der Himmel. Im christlichen Mittelalter haben die Herrscher Gott ebenso missbraucht, wie es heutzutage in anderen Religionen der Fall ist, wenn der Glaube der Herrschenden zur Staatsreligion wird. Echten Glauben kann man so nicht leben.

Und der christliche Glaube an sich ist noch lange kein Garant dafür, dass das Staatsgebilde vor Bürgerkrieg und Genozid bewahrt bleibt. Zu den wenigen überwiegend „christlichen" Ländern Afrikas zählen Ruanda und der Südsudan. Ruanda galt bis 1994 als das am stärksten katholische Land in Afrika.[81] Aber in annähernd 100 Tagen töteten Angehörige der Hutu-Mehrheit etwa 75 Prozent der in Ruanda lebenden Tutsi-Minderheit. Die Anzahl der Opfer liegt bei 500.000 bis 1.000.000 Toten.

Im Südsudan bekennen sich die Menschen vorwiegend zum Christentum oder zu lokalen Religionen. Doch auch das verhinderte nicht einen Bürgerkrieg von Mitte Dezember 2013 bis Sommer 2018 mit mehreren zehntausend Toten und Millionen Flüchtlingen.[82]

Selbst in China traten die Kämpfer des Taiping-Aufstands (1851–1864) mit einer christlich beeinflussten religiösen Botschaft auf. Dabei starben 20 bis 30 Millionen Menschen. Er war damit der opferreichste Bürgerkrieg der Menschheitsgeschichte.[83]

In den über 100.000 Jahren der frühen Menschheitsgeschichte, in der es noch keinen Besitz gab, außer der Kleidung und dem Schmuck, den man am Leib trug, waren solche Opferzahlen undenkbar. Das, aus Gottes Sicht, sündige Leben der Menschen in den letzten 12.000 Jahren wird der größte Teil der Menschheit nicht ablegen können. Nur wenige werden dem Aufruf Jahwes zur Umkehr folgen. Aber nur darin wird Rettung liegen.

„Und zerreißt euer Herz und nicht eure Kleider und kehrt um zum HERRN, eurem Gott! Denn er ist gnädig und barmherzig, langsam zum Zorn und groß an Gnade, und lässt sich das Unheil gereuen." (Joel 2,13)

Mit ihrer Lebensweise hat die Menschheit praktisch das Urteil über sich selbst gesprochen. Es sind bereits schon jetzt so viel schädliche Gase in der Atmosphäre, dass die Durchschnittstemperaturen auf diesem Planeten auch in den kommenden Jahren noch steigen werden, selbst wenn man heute keinerlei Emissionen mehr hätte. Und mit dem Raubbau an der Natur verbraucht die Menschheit durchschnittlich das 1,75-fache von dem, was sie verbrauchen dürfte[84], um unseren Nachkommen wenigstens den Zustand zu hinterlassen, von dem wir profitieren. Wir verbrauchen also 1,75 mal so viel Ressourcen, wie nachwachsen können (Stand 2022). Angeführt wird die Liste naturgemäß von besonders reichen Ländern. Im Jahr 2022 stehen an der Spitze des höchsten Pro-Kopf-Verbrauchs: Qatar, Luxemburg, Cook Islands, Bahrain, Kanada, Vereinigte Arabische Emirate und die USA.[85] Die Vereinigten Staaten verbrauchen 5,1 Erden. Auch Deutschland verbraucht wesentlich mehr, als sich regenerieren kann, nämlich 3,0 Erden. Das alles zeigt, dass nur ein Wunder die Menschheit vor der Selbstzerstörung retten kann.

Durch ein Wunder ist das Universum entstanden. Wissenschaftler haben zwar Theorien entwickelt, wie die ersten Millisekunden nach dem Big-Bang ausgesehen haben könnten, aber warum es zum Big-Bang kam und was davor war, das kann die Wissenschaft nicht erklären. Letztlich ist in diesem Fall der Bericht von einem Schöpfergott, der sprach „Es werde Licht" genauso plausibel, wie jede andere Theorie; vielleicht sogar noch einleuchtender. Dabei schließen sich der Big-Bang-Gedanke und der erste Tag der biblischen Schöpfungsgeschichte gar nicht aus. Nein, sie bestätigen sich sogar. Am ersten Tag hat Gott reine Energie geschaffen, denn Licht ist Strahlungsenergie. Hätten wir in den letzten Jahrzehnten mehr dahingehend geforscht, diese von Gott geschaffene Energie besser zu nutzen, anstatt auf fossile Energien oder auf Kernenergie zu setzen, dann könnten wir unseren Enkeln vielleicht noch einen bewohnbaren Planeten hinterlassen.

Aber das hat die Menschheit nicht. Und jetzt kann nur noch ein Wunder helfen.

„Kehrt um zum HERRN, eurem Gott! Denn er ist gnädig und barmherzig", heißt es in Vers 13. Der gnädige und barmherzige Gott allein kann das Wunder tun, das die Menschheit vor sich selbst retten kann. Aber dazu ist die Umkehr der Menschen notwendig, die Botschaften, wie die des Propheten Joel, nicht hören wollen. Immerhin verspricht Gott, dass eine Umkehr noch die Hoffnung in sich birgt, dass Gott in seiner Gnade und Barmherzigkeit einen Neuanfang schenken kann. Eine neue Erde und einen neuen Himmel (Offb 21,1). Denn die alte Erde haben wir dem Tod geweiht, und den alten Himmel haben wir nicht verdient.

„Wer weiß, ⟨vielleicht⟩ wird er umkehren und es sich gereuen lassen und Segen hinter sich zurücklassen: Speisopfer und Trankopfer für den HERRN, euren Gott!"
(Joel 2,14)

Der größte Teil der Menschheit wird nicht zu Gott umkehren. Das haben wir schon in den vorangegangenen Versen erarbeitet. Eine Umkehr der gesamten Menschheit können wir weder aus der Bibel herauslesen, noch zeichnet sich das aus dem aktuellen Zeitgeschehen ab. Aber wir dürfen die Hoffnung haben, dass Gott „umkehrt". Würde Gott der Menschheit weiterhin ihren Willen lassen und nicht eingreifen, wenn sie kurz vor der Selbstzerstö-

116

rung steht, dann wäre das nur konsequent. Gott hat die Naturgesetze geschaffen und auch den Menschen, der mehr als 100.000 Jahre in seiner jetzigen Form existieren konnte. Gott hat mit seiner Schöpfung einen geradlinigen Weg beschritten. Es wäre nicht notwendig, dass „Er" umkehrt. Aber aus Liebe zu seiner Schöpfung hatte Gott schon vor 2.000 Jahren sein ursprüngliches Konzept geändert und sich selbst als Jesus Christus den Menschen gezeigt. Damals hat Jahwe durch Jesus von Nazareth den Menschen alles vor Augen geführt, was sie wissen müssen. Jesus hat die Händler aus dem Tempel vertrieben, weil Geld und Besitz nur Feindschaft säht. Jesus hat im Gebet gezeigt, dass wir zu Gott eine echte Beziehung haben sollen, eine Vater-Kind-Beziehung. Im „Vater unser" drückte sich das aus. Jesus sprach: „Dies tut zu meinem Gedächtnis (Lk 22,19)" und teilte dabei das Brot und nicht das Passahlamm, das möglicherweise auch zubereitet wurde, da es bei einem Sedermahl[86] üblich war. Jesus zitierte die Propheten und wies auf die Zeichen des „Jüngsten Tages" hin. Jesus opferte sich für die Sünden der Menschen durch seinen Tod am Kreuz, damit die, die ihn als Erlöser annehmen, trotz einer sündigen Menschheit gerettet werden.

In Joel 2,14 stehen Segen und Speise-/Trankopfer in direkter Beziehung. Sie werden durch einen Doppelpunkt miteinander verbunden. Wir als Christen sind gesegnet, dass wir unser Leben auf Gott ausrichten können, dass wir es ihm praktisch „opfern" können. Wir sind gesegnet, dass wir Gottesdienste besuchen können, selbst wenn es sich manchmal wie ein „Opfer" anfühlt, weil man vielleicht lieber im Bett geblieben wäre. Aber mit alledem spenden wir auch Segen. Ein Leben für Gott wird zum Segen für andere Menschen. Und der Besuch eines Gottesdienstes hält die Gemeinschaft der Gruppe von 50 bis 100 Personen am Leben. Wenn die Menschen zu Gott umkehren entsteht Segen, und wenn wir Menschen segnen, dann kehren sie (vielleicht) um zu Gott.

„Blast das Horn auf Zion, heiligt ein Fasten, ruft einen Feiertag aus!" (Joel 2,15)

Der vielleicht wichtigste Vers des Joelbuches. Hier werden die Verse Joel 1,14 und Joel 2,1 zusammengefasst. Hier nennt Gott die drei Bereiche unseres Lebens, woran man erkennen kann, dass wir wahre Christen sind. Unser Herz, unsere Lebensweise, die Gemeinschaft, die wir leben.

Schon bei Joel 2,1 haben wir gelernt, dass Zion traditionell der „Wohnort Gottes" ist. In Eph 3,17 schreibt Paulus: „Dass der Christus durch den Glauben in euren Herzen wohnt und ihr in Liebe gewurzelt und gegründet seid." Christus soll in uns wohnen. Er braucht keinen Tempel, keine Kirche, keine Synagoge. Er will in unseren Herzen wohnen. Daran können unsere Mitmenschen erkennen, dass wir Kinder Gottes sind. Lukas 6,45b gibt das in der Übersetzung der „Hoffnung für alle" sehr anschaulich wieder: „Denn wovon das Herz erfüllt ist, das spricht der Mund aus!" Wenn wir den dreieinigen Gott wirklich in unseren Herzen wohnen lassen, dann werden das unsere Mitmenschen nicht übersehen können und dann werden wir auch davon erzählen wollen. Unser Herz als Wohnstätte Gottes ist ein ganz elementarer Bestandteil des Christseins.

Joel war ein Jude und konnte seine Botschaft deshalb auch nur aus jüdischer Sicht wiedergeben. Das Judentum war aber niemals eine missionarische Religion, wie sie beispielsweise das Christentum ist. Auch wenn während der Zeit des rabbinischen Judentums die Möglichkeiten des Übertritts von Heiden zum Judentum manchmal eine Rolle spielte, wurde deswegen das Judentum keine wirklich missionierende Religion.[87] Deshalb konnte Gott nur „vom Blasen des Horns auf dem Zion" sprechen, wenn er damit das Gleichnis gemeint hat, das Jesus viele Jahre später in der Bergpredigt erzählte: „Man zündet auch nicht eine Lampe an und setzt sie unter den Scheffel, sondern auf das Lampengestell, und sie leuchtet allen, die im Hause sind. So soll euer Licht leuchten vor den Menschen, damit sie eure guten Werke sehen und euren Vater, der in den Himmeln ist, verherrlichen." (Mt 5,15+16)

Joel 2,15 ist damit praktisch schon ein Missionsbefehl, lange vor Jesus. Aber natürlich konnte Joel zu seiner Zeit noch nicht so verstanden werden, denn der Befehl ist an die Menschen gerichtet, die kurz vor dem „Tag des HERRN" leben. In diesem Sinne sollten wir

Christus im Herzen haben. Unser Herz sollte überlaufen vor Liebe zu Gott und den Menschen. Wir sollten Licht für unsere Mitmenschen sein, damit sie zum lebendigen Glauben kommen. Wenn der „Tag des HERRN" gekommen ist, dann wird es zu spät sein. Nutzen wir die Zeit, die wir noch haben.

Unsere Lebensweise sollte auch zum Ausdruck bringen, dass uns bewusst ist, dass wir nur ein kleiner Teil von Gottes grandioser Schöpfung sind. Joel 2,15 bringt das durch die Aufforderung zum Fasten gezielt auf den Punkt. „Du bist, was Du isst", ist eine Aussage, die in Abwandlungen bei Philosophen und asiatischen Weisheiten zu finden ist. Die meisten unserer Mitmenschen essen Fleisch und begründen dies damit, dass unser Gebiss ja dem von Raubtieren ähnlich ist. Aber dabei wird übersehen, dass Nilpferde und Gorillas noch viel größere Eckzähne haben als der Mensch und dennoch in erster Linie Pflanzenfresser sind. Es gibt noch viele weitere Gründe, weshalb es offensichtlich ist, dass wir von Gott nicht als Fleischfresser erschaffen wurden. Ein Beispiel dafür ist die Länge unseres Darms. Der Darm eines Fleischfressers ist sehr kurz, damit er das Essen schnell verdauen und ausscheiden kann. Auf diese Weise wird vermieden, dass der Körper Gifte und andere Schadstoffe des Opfers aufnimmt, oder dass das Fleisch des Opfers im Körper verfault. Aber der menschliche Darmtrakt ist dagegen vergleichsweise lang, um möglichst viele Nährstoffe aus den

Pflanzen und den langen Pflanzenfasern extrahieren zu können, bevor sie den Darm verlassen. Zudem ist die Aufnahme von Ballaststoffen sehr wichtig für eine gesunde Darmtätigkeit. Diese Bestandteile findet man allerdings vorwiegend in pflanzlichen Lebensmitteln.[88] Gott hat unsere Körper so geschaffen, weil wir als Menschheit nur so überleben können.

Mit unserer Lebens- und Ernährungsweise können wir dazu beitragen, dass wir Gottes Schöpfung in einem lebenswerten Zustand an die nächsten Generationen weitergeben. Dass wir Pflanzen anbauen, um uns davon zu ernähren, nicht um überwiegend Nutzvieh damit zu füttern, was nicht nachhaltig ist. Dass wir nicht Tiere zu Konsumartikeln machen, sondern artgerecht und in Freiheit halten.

Fasten, und damit die vegetarische Ernährung, sollte unsere Lebensweise werden, mit der wir uns nicht mehr gegen die Schöpfung versündigen. Menschen und Tiere sind kein Besitz, sondern Teile der Beziehungen, in die uns Gott gestellt hat.

„Ruft einen Feiertag aus", übersetzt die „Hfa" mit: „Sie sollen sich alle zum Gottesdienst versammeln." Hier steht die Gemeinschaft der Gläubigen im Mittelpunkt. Auch wenn viele Gemeinschaften betonen, dass Rituale oder Lobpreis im Mittelpunkt stehen sollten, so hat Jesus doch nicht befohlen, dass wir Events veranstalten sollen oder ihm mit Lobpreisliedern huldigen müssen. Nein, er hat gesagt „Denn wo zwei oder drei versammelt sind in

meinem Namen, da bin ich in ihrer Mitte (Mt 18,20)."
Und an anderer Stelle sagte er bei der Einsetzung des
Abendmahls: „Dies ist mein Leib, der für euch gegeben
wird. Dies tut zu meinem Gedächtnis." (Lk 22,19)

Beim Abendmahl steht also Jesus im Mittelpunkt.
Und er ist nicht nur im Gottesdienst in der Mitte der
Gläubigen, sondern dort, wo zwei oder drei versammelt
sind in seinem Namen. Die Gemeinschaft der Gläubigen
macht den Gottesdienst aus. Wirkliche Gemeinschaft, die
verbindet. Dabei sollten alle Gläubigen miteinander verbunden sein, unabhängig von Alter, Geschlecht, sozialem
Stand, Herkunft, sexueller Orientierung oder sonstigen
Kleinigkeiten, an denen sich Gemeinschaften üblicher-
weise stoßen. Der Gottesdienst soll eine Zusammenkunft
sein, die den Gläubigen ein geistliches Zuhause gibt. Viele Christen möchten in einem christlichen Gottesdienst
eher ein missionarisches Werkzeug sehen. Aber wenn
statt der christlichen Gemeinschaft die missionarische
Strategie der Mittelpunkt der Veranstaltung ist, dann verliert der Gottesdienst seine Authentizität und die Gemeinschaft der überlebensfähigen Gruppe von 50 bis 100 Personen zerfällt in die Kleingruppen, die zwar den Kern einer Kirchengemeinde bilden, aber aufgrund ihrer kleinen
Größe genauso wenig überlebensfähig sind, wie eine
Gruppe von 8 bis 10 Personen vor 70.000 Jahren. Nicht
umsonst hat Jesus beim Brotwunder die Menge von
5.000 Zuhörern in Gruppen von 50 bis 100 Personen zusammenkommen lassen.

Missionieren kann der Christ, der Jesus in seinem Herzen wohnen lässt alle Zeit. Natürlich auch im Gottesdienst. Aber schon das Wort „Gemeinde" weist auf „Gemeinschaft" hin. Auf dwds.de wird „Gemeinde" als „Gemeinschaft von Personen, die bestimmte Werte teilen" beschrieben. Eine Woche hat 168 Stunden. Davon kann ein großer Teil zur Mission genutzt werden. Eine Stunde darf aber auch zur Gemeinschaft der Gläubigen im Gottesdienst da sein.

Natürlich ist Mission auch im Gottesdienst ein sinnvolles Element. Aber ein Gottesdienst in dem spürbar ist, dass die Teilnehmer dort ein geistliches Zuhause haben, wo sie sich in wahrer Gemeinschaft wohlfühlen, muss nicht zum Missionswerkzeug umfunktioniert werden.

Unser Herz, unsere Lebensweise, unsere Gemeinschaft. Joel fasst es in dem kurzen Satz zusammen: „Blast das Horn auf dem Zion! Ruft die Menschen zum Fasten auf! Sie sollen sich alle zum Gottesdienst versammeln (Hfa)." Damit gibt Gott den Menschen eine Anleitung für ein gelingendes Christenleben. Ein Leben mit einem Herzen, das vor Liebe und Freude übersprudelt, das im Einklang mit Gottes Schöpfung, den Mitchristen und den Mitmenschen steht.

„Versammelt das Volk, heiligt eine Versammlung, bringt die Ältesten zusammen, versammelt die Kinder und die Säuglinge an den Brüsten! Der Bräutigam trete aus seiner Kammer und die Braut aus ihrem Brautgemach!" (Joel 2,16)

Wenn für Jesus Gruppen eine Größe von jeweils 50 bis 100 Personen haben sollten, dann bedeutet „Versammelt das Volk", dass sich die jeweiligen christlichen Gemeinden versammeln sollen. Das wird durch die nächsten Worte bestätigt: „Heiligt eine Versammlung." In manchen konservativen christlichen Gemeinschaften wird oft statt „Gemeinde" der Begriff „Versammlung" gebraucht. Der Aufruf zur Heiligung soll den Menschen deutlich machen, dass sie „abgesondert" sind von der profanen Welt. Dass sie sich nicht daran beteiligen sollen, diesen Planeten zugrunde zu richten, wie es der Rest der Welt tut.

Befremdlich wirkt zunächst einmal die Aufforderung: „Bringt die Ältesten zusammen." Wer soll hier die Mitglieder der Gemeindeleitung zusammen bringen? Weiß die Gemeindeleitung nicht selbst, wann es Zeit ist zusammenzukommen? Wäre es nicht normal so, dass eher die Gemeindeleitung die Gläubigen zusammenruft und nicht umgekehrt?

Offenbar ist sich Joel bewusst, dass jeder Mensch Fehler begehen kann. Selbst ein Papst konnte nie von sich behaupten, dass er unfehlbar sei. Es ist ein weit verbreitetes Missverständnis, die päpstliche Unfehlbarkeit würde bedeuten, dass der Papst als Mensch keine Fehler machen könne. Die Unfehlbarkeit bezieht sich einzig auf ungeklärte theologische Fragen, in denen der Papst in der Ausführung seines Amtes eine verbindliche Entscheidung herbeiführen kann.

So steht eine christliche Gemeinde in der Pflicht, sich

aktiv am Gemeindeleben zu beteiligen. Man soll sich also nicht darauf verlassen, dass eine Gemeindeleitung unfehlbar wäre und alle Entscheidungen schon mit Gottes Hilfe richtig und gut trifft. Wenn eine christliche Gemeinde in existentielle Not kommt, kann das nie allein Schuld der Gemeindeleitung sein. Jedes Gemeindemitglied darf und muss mit der Gemeindeleitung im Gespräch bleiben, um das Beste für die Allgemeinheit zu bewirken. Gerade in Situationen, in denen die Zeichen der Zeit auf die Endzeit hindeuten.

Aber wer zählt eigentlich zu einer Gemeinde? In biblischen Berichten wurde oft nur die Anzahl der Männer genannt, wenn von Gruppengrößen geschrieben wurde. Bei Frauen und Kindern sah man keine Notwendigkeit, sie zu erwähnen. Selbst bei der Frau, von der wir laut 1Mo 8 alle abstammen, wurde nicht mit Namen erwähnt. Sie wird in der Bibel einfach nur mit „die Frau von Noah" aufgeführt. In apokryphen Schriften, die in keiner christlichen Tradition zur Bibel zählen, wird sie Haikal genannt. In der rabbinischen Tradition heißt sie dagegen Naama.[89] Wo eine tragische Wissenslücke ist, wird diese Lücke offensichtlich mit Phantasie gefüllt, was zu widersprüchlichen Ergebnissen führt.

Für Joel gehören Frauen und Kinder ganz offensichtlich und selbstverständlich mit zur Gemeinde. „Versammelt die Kinder und die Säuglinge an den Brüsten!", ruft er auf. Selbst die Säuglinge sind ein Teil der Gemeinde. Joels Text ist seiner Zeit weit voraus. Das verwundert nicht, wenn man sich bewusst wird, dass er für unsere Zeit geschrieben wurde.

Um deutlich zu machen, wie wichtig es ist, dass man die Gemeinschaft im Gottesdienst erlebt, die nicht durch Hörensagen oder Streaminggottesdienste zu ersetzen ist, fügt Joel noch an: „Der Bräutigam trete aus seiner Kammer und die Braut aus ihrem Brautgemach!" Es gibt also keine Ausreden für die Pflege der christlichen Gemeinschaft in der Endzeit. Grundsätzlich freut sich jeder Mensch natürlich über das Glück eines frisch verliebten oder verheirateten Paares, und gönnt ihm die Flitterwochen, in denen der Gottesdienst auch mal hintenanstehen könnte. Joel hat dieses Beispiel bewusst gewählt, da es vielleicht die Ausnahme wäre, die bei den Mitmenschen auf das größte Verständnis stoßen würde. Durch Corona ist eine sehr lange Liste von Gründen entstanden, weshalb Menschen keine Gottesdienste mehr besuchen.

Doch Joel will mit dem Fernbleiben von der christlichen Gemeinschaft ein radikales Ende machen. „Der Bräutigam trete aus seiner Kammer und die Braut aus ihrem Brautgemach!" In der Endzeit ist die Gemeinschaft unter den Gläubigen das Element, das das Überleben sichert. Die Zeit in der man alle möglichen Gründe anführen kann, weshalb man einen Gottesdienstbesuch durch ein frommes Video ersetzt, sind vorbei. Der „Tag des HERRN" naht.

„Die Priester, die Diener des HERRN, sollen weinen zwischen Vorhalle und Altar und sagen: HERR, blicke mitleidig auf dein Volk und gib nicht dein Erbteil der Verhöhnung preis, sodass die Nationen über sie spotten! Wozu soll man unter den Völkern sagen: Wo ist ihr Gott?" (Joel 2,17)

„Wo ist Gott?" Diese Frage hat die Menschen beschäftigt, seit sie die lebendige Beziehung zu ihrem Schöpfer aufgaben und einen Priester zwischen sich und Gott gestellt haben.

Wenn man nicht selbst an Gott glaubt, oder an einen anderen Gott wie der Mitmensch, dann wird die Frage „Wo ist Gott?" zu einer Waffe. Dann verursacht sie Schmerzen, wenn man keine Antwort darauf findet. Eine solche Frage kann das komplette Lebenskonzept in Frage stellen. Wenn der andersgläubige Nachbar höhnisch fragt: „Wo ist Dein Gott?", dann stellt er meist nicht „Gott" in Frage, sondern Dich und alles, wofür Du lebst.

Viele Menschen haben vor dieser Frage eine unbewusste Angst, so dass sie lieber an gar keinen Gott glauben, als an einen Gott, den andere nicht wahrnehmen und dann die Frage stellen: „Wo ist Dein Gott?"

Viele Texte, die über Auschwitz berichten, haben die Frage im Titel: „Wo war Gott?" Nach den Schrecken des Holocaust war es für unzählige vormals religiöse Menschen schwierig oder unmöglich an einen Gott zu glauben, der so etwas zugelassen hatte.

Angesichts des vielen Leides auf der Welt kann man sich aber dieser Frage nicht verweigern, wo denn Gott ist und warum er scheinbar nicht eingreift.

Eine allzu simple Denkweise folgt dem Prinzip: „Der Sieger eines Krieges hatte Gott auf seiner Seite." Das scheint sich mit dem Bibelvers zu decken, der besagt: „Was sollen wir nun hierzu sagen? Wenn Gott für uns ist, wer ⟨ist⟩ gegen uns?" (Römer 8,31) Die Lutherbibel von 2017 formuliert das alltagstauglicher: „Was wollen wir nun hierzu sagen? Ist Gott für uns, wer kann wider uns sein?"

Aber Joel geht auch hier gegen den Mainstream. Es kann sein, dass Gott für uns ist, aber dass alles so aussieht, als gäbe es Gott gar nicht. So wird es in der Zeit vor dem „Tag des HERRN" sein. Die Menschen, die entweder gar nicht religiös sind oder an einen anderen Gott als Jahwe glauben, werden sagen „Wo ist ihr Gott?" Argumente gegen Gottes Existenz zu finden, scheint unter diesen Umständen nicht schwer zu sein. Lange bevor die Corona-Pandemie die Gemeinden entvölkerte und bevor der Ukrainekrieg eine Spirale der Eskalation in Gang gesetzt hat, war schon Richard Dawkins Buch „Der Gotteswahn" ein Bestseller.

Aber genau das sagt Joel für die Endzeit voraus. In ihrer Not werden die Priester (die Pastoren, Pfarrer, Gemeindeleiter ...) zu Gott schreien und mit ihm zu handeln versuchen, wie es Abraham gemacht hatte, bevor Sodom von Gott zerstört wurde. In 1Mo 18 verhandelt Abraham mit Gott, als wären sie auf einem orientalischen Basar.

Zunächst lässt sich Gott darauf ein, dass er Sodom nicht vernichten wird, wenn dort mindestens 50 Gerechte zu finden wären. Und dann feilscht Abraham weiter. Wären auch 45, 40, 30 oder 20 Gerechte genug? Und schließlich erreicht er, dass Gott auch um zehn guter Menschen willen auf sein Strafgericht über die Stadt verzichten würde.

Die Priester der Endzeit werden zeigen müssen, dass sie Gott genauso ernst nehmen, wie es Abraham damals getan hat, um für Gnade für die Menschen aus Sodom zu bitten.

Der Anteil der Menschen, die sich nicht gegen Gottes Schöpfung versündigt haben, wird in der heutigen Zeit nicht größer sein, als der der Gerechten im damaligen Sodom. Auch mancher Christ versündigt sich, wenn er Energie verschwendet, weil er beim Autofahren eine Klimaanlage braucht. Mehrere 100.000 Jahre haben die Menschen ohne Klimaanlage überlebt und den Planeten nicht für die Nachkommen unbewohnbar gemacht. Aber heutzutage schaffen es viele Menschen, auch die Christen, nicht im Sommer mit dem Auto zu fahren ohne dass Benzin/Diesel oder Strom für die Klimaanlage verbraucht wird. Dabei wird oft argumentiert, dass beispielsweise ein E-Auto ja keine fossile Brennstoffe verbrauche. Aber auch 2021 kamen nur 42 Prozent des in Deutschland erzeugten Stroms aus erneuerbaren Quellen.[90] Zusätzlich importiert Deutschland auch Strom aus dem Ausland, zumeist aus Frankreich, wo stark auf Kernenergie gesetzt wird (Stand: 2021).

Dachfenster, die jahrzehntelang für erträgliche Temperaturen in Fahrzeugen gesorgt haben, werden kaum noch angeboten. Die Menschen scheinen nicht mehr für diesen Planeten gemacht zu sein, wenn nicht eine Klimaanlage dafür sorgt, dass man im Auto nichts mehr vom Sommer merkt.

Da bleibt nur zu hoffen, dass der HERR mitleidig auf sein Volk der Gläubigen blickt. Die Ungläubigen sagen schon: „Wo ist euer Gott, der zulässt, dass ihr seine Schöpfung zerstört?"

15. Wenn Gott eingreift

18 Und der HERR eiferte für sein Land, und er hatte Mitleid mit seinem Volk.

19 Und der HERR antwortete und sprach zu seinem Volk: Siehe, ich sende euch das Korn und den Most und das Öl, dass ihr davon satt werdet; und ich werde euch nicht mehr zu ⟨einem Gegenstand der⟩ Verhöhnung machen unter den Nationen.

20 Und ich werde »den von Norden« von euch entfernen und ihn in ein dürres und ödes Land vertreiben, seine Vorhut in das vordere Meer und seine Nachhut in das hintere Meer. Und sein Gestank wird aufsteigen, und aufsteigen wird sein Verwesungsgeruch, denn großgetan hat er. **(Joel 2,18-20)**

Gott antwortet nicht sofort auf das Argument der Priester im vorangegangenen Vers: „Wozu soll man unter den Völkern sagen: Wo ist ihr Gott?" Denn es ist irrelevant, ob diejenigen lästern, die nicht an Jesus den Erlöser glauben wollen. Gott eifert für sein Land, denn er hat Mitleid mit seinem Volk.

Dieser Vers wird ebenso wie der nächste Vers in der Vergangenheitsform wiedergegeben. Die meisten Verse, die wir bisher betrachtet haben, wurden im Präsens geschrieben. Da Joel in seinem Buch eine göttliche Offenbarung dessen beschreibt, was aus seiner Sicht in der Zukunft passiert, zeigen diese Wechsel in der Zeitform, dass er zwar berichtet, was er in der Erinnerung hat, aber dass es vom siebten (oder dem dritten, wie manche Theologen glauben) vorchristlichen Jahrhundert aus gesehen, in der Zukunft passiert.

Die Elberfelder Bibel verwendet das Wort „eifern". Ein Begriff, der im 21. Jahrhundert selten gebraucht wird. „Eifern" bedeutet, „mit wirklicher Leidenschaft nach etwas streben". Die Hfa übersetzt: „Da erwachte im HERRN die leidenschaftliche Liebe zu seinem Land."

Keine Macht im Universum ist größer als die leidenschaftliche Liebe. Paulus bringt es in 1Kor 13,8 auf den Punkt: „Die Liebe vergeht niemals; seien es aber Weissagungen, sie werden weggetan werden; seien es Sprachen, sie werden aufhören; sei es Erkenntnis, sie wird weggetan werden." In manchen Bibelübersetzungen wird der Gottesname „JHWH" als „der Ewige" wiedergegeben. In 1Jo 4,16 steht: „Gott ist die Liebe." Jahwe ist der Ewige, er ist die

Liebe, und damit ist die Liebe die unvergängliche und größte Macht im Universum.

Wenn Gott für sein Land eifert, dann sprengt das alle Naturgesetze und Gott errettet diejenigen, die die Botschaft von Joel 2,15 wirklich leben. Deren Glaube in ihrem Herzen, in ihrer Lebensweise und in ihrer Gemeinschaft zu finden ist. Für manche Leser klingt das vielleicht nach Werkgerechtigkeit, die nicht zum Christentum passt. Nicht wenige Christen berufen sich darauf, dass der Mensch „allein durch seinen Glauben" das ewige Leben erlangt. Gerne beruft man sich dabei auf Martin Luthers „sola fide". Allerdings kommt im griechischen Urtext (λογιζόμεθα γὰρ δικαιοῦσθαι πίστει ἄνθρωπον χωρὶς ἔργων νόμου) von Röm 3,28 das Wort „allein" nicht vor. Die Elberfelder Bibel übersetzt ihn korrekt mit: „Denn wir urteilen, dass ⟨der⟩ Mensch durch Glauben gerechtfertigt wird, ohne Gesetzeswerke." Wichtiger ist jedoch, was Jesus selbst gesagt hat. Und dazu äußerte er sich in Mt 7,21. „Nicht jeder, der zu mir sagt: Herr, Herr!, wird in das Reich der Himmel hineinkommen, sondern wer den Willen meines Vaters tut, der in den Himmeln ist."

In seiner Liebe hat sich Gott in Jesus Christus offenbart. Und nur Gottes Liebe kann uns retten, wenn der Rest der Welt sich selbst zum Gericht wird.

Jedoch muss man beachten, dass man nicht eine Lebensweise, der man den Glauben abspüren kann, mit Werkgerechtigkeit gleichsetzt. Ein vegetarischer Lebensstil ist kein gutes Werk, genauso wenig, wie der Verzicht auf Sklaverei ein gutes Werk ist, sondern Normalität sein sollte. Sowohl Sklaverei als auch Fleischkonsum waren beides zu biblischen Zeiten üblich. Aber glücklicherweise gibt es im 21. Jahrhundert gute Argumente gegen beides.

Darum sollten wir in unseren christlichen Gemeinschaften Glaube und Werke nicht gegeneinander ausspielen, sondern mit Liebe und Hoffnung zu einem lebensbejahenden Lebensstil vereinen.

„Und der HERR antwortete und sprach zu seinem Volk: Siehe, ich sende euch das Korn und den Most und das Öl, dass ihr davon satt werdet; und ich werde euch nicht mehr zu 〈einem Gegenstand der〉 Verhöhnung machen unter den Nationen." (Joel 2,19)

Mit den Versen von Joel 2,18-27 macht Gott den Unterschied zwischen der Rettung der Gläubigen und dem Gericht über die gottlosen Zerstörer der Welt deutlich. In diesen Zeilen will er zeigen, wie die Zukunft der Menschheit aussehen könnte, einerseits bei einer globalen Bekehrung, andererseits bei der Fortführung des gottlosen Lebenswandels.

In einer Welt, in der die Nahrungsmittelpreise auch durch Börsenspekulanten bestimmt werden, wird der Hunger von vielen zu einem Werkzeug, das eine kleine Gruppe von Reichen noch reicher macht. Kriege, Überbevölkerung und weltweite Dürren sind für die Aktienbörsen nur Elemente, mit denen man die Renditen erhöhen kann. Doch

Gott setzt dieser Welt, die dem Ende entgegensteuert, eine neue Welt entgegen, in der er selbst dafür sorgt, dass sein Volk von Gläubigen satt wird und nicht abhängig ist von der Gnade derjenigen, die mit Energie- und Nahrungsmittellieferungen die Völker dieser Welt erpressen wollen.

Gott macht dem Zustand ein Ende, dass sich viele traditionell christliche Staaten selbst der Verhöhnung preisgeben, weil deren politische Führer mit Embargos gegen diktatorische Regime ihren eigenen Bürgern massiv mehr schaden als den Despoten. Dabei glauben alle Seiten, sie könnten mit ihren Energie-, Wirtschafts- und Nahrungsmittel-Monopolen die Welt beherrschen, aber sie übersehen, dass Jahwe, der Ewige, der Allmächtige ist.

Gott wird seine Gläubigen versorgen, auch wenn falsche Propheten versuchen, als Nahrungsmittelversorger der Welt aufzutreten. In Offb 2,19-20 lässt Gott durch einen Engel seiner Gemeinde von Gläubigen, die falschen Propheten ausgesetzt ist, folgendes ausrichten: „Ich kenne deine Werke und deine Liebe und deinen Glauben und deinen Dienst und dein Ausharren und ⟨weiß, dass⟩ deine letzten Werke mehr sind als die ersten. Aber ich habe gegen dich, dass du das Weib Isebel gewähren lässt, die sich eine Prophetin nennt und meine Knechte lehrt und verführt, Unzucht zu treiben und Götzenopfer zu essen." Auch Jesus sprach in Mt 24,11 davon: „Und viele falsche Propheten werden aufstehen und werden viele verführen."

In der Endzeit wird ein falscher Prophet wie eine verführerische Frau täglich in den Medien zu sehen sein.

Seine täglichen Ansprachen werden wie Prophetenworte beinahe als göttliche Offenbarungen wahrgenommen werden. Er wird der Welt zu essen geben und die Welt wird alles tun, um von ihm gespeist zu werden. Aber kaum jemand wird erkennen, dass die „Verehrung" seiner Worte, die Nahrungsmittel zu „Götzenopfern" macht. Dadurch, dass man mit der Ideologie dieses falschen Propheten den Glauben an den wahren Gott ersetzt, treibt man kultische Unzucht mit diesem falschen Propheten.

In der Endzeit muss die Gemeinde der Gläubigen darauf vertrauen, dass sie von Gott versorgt und satt wird. Wenn die Staatslenker das Volk Gottes der Verhöhnung preisgeben und die Medien sich von falschen Propheten verführen lassen, dann zeigt sich, wer dennoch darauf beharrt, dass nur Gott allein Rettung schenken kann.

„Und ich werde »den von Norden« von euch entfernen und ihn in ein dürres und ödes Land vertreiben, seine Vorhut in das vordere Meer und seine Nachhut in das hintere Meer. Und sein Gestank wird aufsteigen, und aufsteigen wird sein Verwesungsgeruch, denn großgetan hat er." (Joel 2,20)

Wer ist „der von Norden"? In der Bibel wird mehrmals ein Feind, der aus dem Norden kommt, erwähnt. In Hes 38 und Jer 46 wird davon geschrieben. Vielleicht, weil Israel zur Zeit Joels oftmals mit Angriffen aus dieser Richtung zu tun hatte.

Selbst in der heutigen Zeit sind Israels Beziehungen zu anderen Staaten nicht immer einfach. Viele arabische Länder erkennen Israel als Staat nicht an. Das Abraham-Abkommen 2020 hat das Miteinander zumindest mit einer kleinen Anzahl dieser Länder entspannt.

Israel war bis 2020 im Nahen Osten weitgehend isoliert gewesen und unterhielt in der Region nur mit Ägypten und Jordanien offizielle diplomatische Beziehungen. Von einer „Morgendämmerung des Friedens" sprach der damalige israelische Premier Netanyahu.[91] Seitdem gibt es offizielle Beziehungen zwischen Israel, den Vereinigten Arabischen Emiraten und Bahrain. Vor allem wirtschaftlich zeigen sich Fortschritte.

Der „Feind von Norden" aus Joel 2,20 hat möglicherweise gar nichts mit den traditionellen biblischen Feinden Israels zu tun, sondern beschreibt die teuflische Macht, die das Christentum unterminieren will und die Menschheit in Richtung Selbstzerstörung treibt.

Wenn man betrachtet, welche Länder der Erde rein geografisch zu den nördlichsten Staaten (nördlicher Polarkreis) zählen, dann sind das diese Staaten: Norwegen, Schweden, Finnland, Russland, USA, Kanada, Island und Grönland (als Teil Dänemarks).[92] Als Atommächte findet man dabei Russland und die USA. Vergleicht man die Staaten des nördlichen Polarkreises mit den Staaten mit dem höchsten Ressourcenverbrauch, dann findet man darunter: Kanada und die USA. Beim Vergleich mit den Mitgliederstaaten der NATO (Nordatlantisches Verteidigungsbündnis), sind die Übereinstimmungen: Norwegen, USA, Kanada, Island und Dänemark. Schweden und Finnland haben 2021 einen Antrag auf Beitritt zur NATO gestellt.

In unserem Bibelvers kündigt Gott an, dass er „den von Norden von euch entfernen wird". Damit die Menschen wieder satt werden, muss „der Feind aus dem Norden", wie es viele Bibelübersetzungen wiedergeben, „in ein dürres und ödes Land vertrieben werden".

Beim Behandeln der bisherigen Verse haben wir schon ausgearbeitet, welche Probleme die Existenz der Menschheit im 21. Jahrhundert bedrohen: Kriege, Atomwaffen, Umweltzerstörung, Hunger, Armut, Gottlosigkeit. Viele dieser Probleme haben ihre Ursachen auf der Nordhalbkugel unseres Planeten. Dort fanden auch die großen kulturellen Revolutionen der Menschheit statt: Die neolithische Revolution 10.000 v.Chr.; die industrielle Revolution um etwa 1800; die digitale Revolution um etwa 1990.

Die verhängnisvollen Errungenschaften dieser Revolutionen bewirken zusammen mit der Selbstsucht und der Habgier des Menschen seit der Sesshaftwerdung, dass die Menschheit nun fähig ist, sich selbst zu zerstören. Nur Gott kann dem ein Ende machen, indem er „den von Norden", die Wurzel allen Übels, entfernt. Die Gläubigen, die ihr Leben an Jesus Christus und der Botschaft von Joel 2,15 ausrichten, werden vorher gerettet werden.

Wenn „der von Norden" von Gott entfernt wurde, wird nur noch sein Gestank an ihn erinnern. Alles was mit ihm zu tun hatte, wird die Erretteten anekeln, wie verwesendes Aas. Selbst diejenigen, die nur passiv auf seiner Seite standen, werden sinnbildlich in die Meere vertrieben werden. Gott tut Wunder, um seine Gläubigen zu erretten.

Hier gehen die Zeichen der Zeit ihrem Höhepunkt entgegen. Aber der „Tag des HERRN" steht noch bevor. Gott wird rechtzeitig eingreifen und seine Gläubigen vor dem großen Gericht retten. Über alle anderen spricht er das Urteil über ihr Leben. Und wer nicht die Erlösungstat Jesu am Kreuz für sich in Anspruch genommen hat, der wird auch nicht verschont bleiben. Nur wenige werden übrig bleiben, um eine „neue Erde und einen neuen Himmel" zu erhalten (Offb 21,1). Der größte Teil der Menschheit wird von der Erde vertilgt werden.

Jesus wurde einmal gefragt: „Sind es wenige, die gerettet werden?" Darauf antwortete er: „Viele, sage ich euch, werden hineinzugehen suchen und werden es nicht können." (Lk 13,23-24)

Wie der „Tag des HERRN" in unser Zeitgeschehen einzuordnen ist und was die Bibel dazu über die Wiederkunft Jesu zu sagen hat, werden wir erarbeiten, wenn wir uns mit Kapitel 3 befassen.

Joel beschreibt auch unsere Zeit. Und er verkündet Gottes Rettungsplan. Wer seinem Plan folgt, der braucht an den Problemen unserer Zeit nicht zu verzweifeln. Alles hat ein Ende, nur Gottes Liebe nicht.

16. Gott erstattet die verlorenen Jahre

21 Fürchte dich nicht, du Erdboden! Juble und freue dich! Denn der HERR hat Großes getan.

22 Fürchtet euch nicht, ihr Tiere des Feldes! Denn es grünen die Weideplätze der Steppe. Denn der Baum trägt seine Frucht, der Feigenbaum und der Weinstock geben ihren Ertrag.

23 Und ihr, Söhne Zions, jubelt und freut euch im HERRN, eurem Gott! Denn er gibt euch den Frühregen nach ⟨dem Maß⟩ der Gerechtigkeit, und er lässt euch Regen herabkommen: Frühregen und Spätregen wie früher.

24 Und die Tennen werden voll Getreide sein und die Kelterkufen überfließen von Most und Öl.

25 Und ich werde euch die Jahre erstatten, die die Heuschrecke, der Abfresser und die Heuschreckenlarve und der Nager gefressen haben, mein großes Heer, das ich gegen euch gesandt habe.

26 Und ihr werdet genug essen und satt werden und werdet den Namen des HERRN, eures Gottes, loben, der Wunderbares an euch getan hat. Und mein Volk soll nie mehr zuschanden werden.

27 Und ihr werdet erkennen, dass ich in Israels Mitte bin und dass ich, der HERR, euer Gott bin und keiner sonst. Und mein Volk soll nie mehr zuschanden werden. (Joel 2,21-27)

Wenn „das Problem aus dem Norden" von Gott beseitigt wurde, dann kann die Natur (der Erdboden) wieder aufatmen. Aber auch der Mensch (hebräisch אָדָם ādām) kann hier gemeint sein. Das ähnlich klingende Wort Adamah (hebräisch אֲדָמָה ādāmāh „Erde, Erdboden") weist auf den Bezug von Mensch und Erdboden hin, denn Gott hat den Menschen aus dem Erdboden gemacht.[93]

Gott möchte, dass die Menschen wieder seine Nähe suchen und ihr Leben auf ihn ausrichten. Für den Neuanfang würde er „den Feind aus dem Norden beseitigen" und auch die Wohltaten geschehen lassen, die er in Joel 2,18-27 beschreibt. Wenn die Menschheit auf dieses Angebot eines Neustarts einginge und eine radikale Umkehr vollzöge, dann wäre der „Tag des Gerichts" nicht mehr nötig. Aber Joel 2,18 machte schon deutlich, dass nur „sein Volk" in den Genuss dessen kommen wird, was er in Joel 2,18-27 ankündigt. Bei dem großen Rest der Menschheit wird keine Umkehr erfolgen. Und wo keine Umkehr erfolgt, wartet das Gericht.

Was wäre, wenn die gesamte Menschheit zu Gott fände? Dann würde folgendes geschehen:

Nachdem durch Gottes Eingreifen der Planet Erde wieder bewohnbar ist, dann darf die gesamte Schöpfung „jubeln und sich freuen, denn der HERR hat Großes getan." Hier ist eine deutliche Parallele zur Schöpfungsgeschichte zu sehen. Wenn Gott in der Schöpfungsgeschichte etwas Großes getan hatte, dann „sah er, dass es gut war".

Nachdem er Adam und Eva geschaffen hatte, wobei er Eva nicht wie Adam aus Staub machte, sondern aus „besserem Rohmaterial" (überspitzte Formulierung des Autors), und er beide darauf hingewiesen hatte, dass die Pflanzen den Menschen zur Nahrung dienen sollen (1Mo 1,29), sprach Gott sogar: „Es war sehr gut." (1Mo 1,31)

Gott hat mit der Erschaffung der Welt etwas Großes getan. Er schuf eine Welt, die alles bot, was jedes Geschöpf braucht. Und mit der Beseitigung des „Feindes aus dem Norden" bringt er diese Welt wieder in diesen Zustand zurück.

Die Menschheit könnte diese Chance ergreifen und auf diesem Planeten ein paradiesisches Leben führen. Aber wird sie noch rechtzeitig die Botschaft von Jesus Christus und der Bibel erkennen? Wenn sie es nicht tut, wird sie sich selbst vernichten. Auf die Gläubigen, die Gott retten wird, wartet dann eine „neue Erde". Und nur sein Volk, das sich daran erinnert, wie Gott diese Welt gedacht hat, wird auch diese „neue Erde" bewohnen können. Alle anderen werden sich mit ihrer gottlosen Lebensweise selbst vernichtet haben.

Der Mensch braucht keine Autos, Flugzeuge, Drogen oder Fastfood. Alles was ein Mann oder eine Frau braucht, hat Gott schon in seiner Schöpfung bereitgestellt. Als Gott Eva geschaffen hatte, sagte Adam „Endlich" (1Mo 2,23). Denn sonst hatte er nichts, was ihm entsprach (1Mo 2,20).

Mehr brauchten die ersten Menschen nicht, um ein paradiesisches Leben zu führen. Erst als das Besitzdenken in die Menschheitsgeschichte kam (im biblischen Symbol der Schlange) drängte sich etwas dazwischen. Dem Großen, was Gott geschaffen hatte, wurde etwas gegenübergestellt, das das Leben ab diesem Zeitpunkt (vor 12.000 Jahren) zu einem Fluch machte.

Aber dieser Fluch ist mit dem „Tag des HERRN" gebrochen. Gottes Kinder dürfen jubeln und sich freuen. Ein neues Paradies wartet auf sie.

„Fürchtet euch nicht, ihr Tiere des Feldes! Denn es grünen die Weideplätze der Steppe. Denn der Baum trägt seine Frucht, der Feigenbaum und der Weinstock geben ihren Ertrag." (Joel 2,22)

Auch die Tiere werden erlöst. Während das Tierleid, das die Menschheit in den letzten 12.000 Jahren verursacht hat, und das in der Zeit vor dem „Tag des HERRN" zum Höhepunkt gekommen ist, sowohl die wild lebenden Tiere als auch das Nutzvieh betraf, so werden nach Gottes Eingreifen nur die „Tiere des Feldes" erwähnt, also die Wildtiere. Offensichtlich werden Tiere in einer Welt, die nach Gottes Willen lebt, nur noch in Freiheit geboren und leben. Alles, was der Mensch an Schaden an der Schöpfung angerichtet hat, wird Gott auf der „neuen Erde" wieder rückgängig machen. Als in Joel 1,20 der Zustand der Wildtiere unter der Herrschaft der Menschen beschrieben wurde, schrien die Tiere noch lechzend zu Gott, denn die Natur war vertrocknet oder stand in Flammen. Nach dem „Tag des HERRN" sind die Weideplätze (auf der neuen Erde) wieder grün und die Bäume tragen Früchte. Gott wird sogar das beinahe Undenkbare geschehen lassen. Selbst die Raubtiere werden zu Pflanzenfressern werden. In Jesaja 11,7 wird das beschrieben: „Kuh und Bärin werden ⟨miteinander⟩ weiden, ihre Jungen werden zusammen lagern. Und der Löwe wird Stroh fressen wie das Rind."

Eine völlig neue Welt, die auf Mensch und Tier wartet, wenn Gott „den von Norden" entfernt hat. Noch könnte die Menschheit den „Tag des Gerichts" abwenden und diesen Planeten zu einer solchen „neuen Welt" machen, indem sie ihre fatale Lebensweise aufgibt und stattdessen ihr Leben auf Gott ausrichtet und dies u.a. in einer nachhaltigen und klimagerechten Lebensführung zeigt. Wird sie das Heilsangebot Christi wählen oder den „Tag des Gerichts"?

„Und ihr, Söhne Zions, jubelt und freut euch im HERRN, eurem Gott! Denn er gibt euch den Frühregen nach ⟨dem Maß⟩ der Gerechtigkeit, und er lässt euch Regen herabkommen: Frühregen und Spätregen wie früher." (Joel 2,23)

Diejenigen die Jesus in ihren Herzen haben, dürfen jubeln und sich freuen. In Joel 1,14 schrien auch sie in ihrer

Not, denn die Menschheit hatte den natürlichen Ablauf der Jahreszeiten völlig durcheinandergebracht. Gerade jetzt, am Anfang des 21. Jahrhunderts, erleben wir das hautnah. Und die Prognosen der Wissenschaftler gehen von weiteren Temperatursteigerungen aus. Gletscher werden verschwinden. Die Sommer werden länger und heißer. Schnee im Winter wird immer seltener. Klimaexperten prognostizieren, dass wir in naher Zukunft in Mitteleuropa mit Temperaturen von 43 bis 45 Grad im Sommer werden leben müssen.

Nur Gott kann die Jahreszeiten wieder in ihren natürlichen Rhythmus bringen. „Frühregen und Spätregen wie früher." Das Maß der Gerechtigkeit, das alleinig zählt, ist das Vertrauen auf Jesus, den wir in unseren Herzen wohnen lassen sollen. Und die Besinnung auf das, was wir bisher zu Joel 2,15 erarbeitet haben.

Gott schafft wieder Ordnung, wo die Menschheit in ihrer Selbstsucht die Welt ins Chaos gestürzt hat. Gottes Gerechtigkeit wird denen zum Heil, für die Jesus stellvertretend am Kreuz gestorben ist.

„Und die Tennen werden voll Getreide sein und die Kelterkufen überfließen von Most und Öl." (Joel 2,24)

Gott hat die Natur und den Menschen als Teile der Schöpfung geplant, die sich ergänzen und voneinander profitieren können. Ursprünglich war der Anteil der Menschen an der Gesamtheit der Lebewesen auf unserem Planeten beinahe verschwindend gering. Die Pflanzenwelt bot mehr als genug, um damit die kleine menschliche Population zu ernähren, die in den frühen Jahren der Menschheitsgeschichte in ihrer Gesamtheit nicht merkbar wuchs und damit für die Erde keine Gefahr darstellte. Es war wohl eher so, dass die Frühmenschen wegen der Raubtiere um ihr Leben bangen mussten. Als die Urzeitmenschen begannen, Tiere zu jagen, waren sie oftmals selbst Beute von Fleischfressern. Damals bestand ein gewisses Gleichgewicht. In der heutigen Zeit lässt sich die Fleischindustrie fast ausschließlich Fleisch von gezüchteten und in Gefangenschaft lebenden Tieren liefern. Ein Gleichgewicht, wie es auf den Wandmalereien uralter Höhlenbilder zu sehen ist, gibt es heutzutage einfach nicht mehr.

Als der moderne Mensch vor etwa 100.000 Jahren sich aufmachte, um die Kontinente außerhalb Afrikas zu besiedeln, stieg die Gesamtpopulation vermutlich nicht auf über eine Million.

Dann, vor schätzungsweise 10.000 Jahren, als mit der sogenannten Neolithischen Revolution erstmals Ackerbau und Viehzucht betrieben wurden, nahm die Zahl der Menschen auffällig zu. Beim Beginn der christlichen Zeitrechnung lebten etwa 170 Millionen Menschen auf der Erde. Manche Wissenschaftler gehen sogar von bis zu 400 Millionen aus.[94]

Erst vor etwa 200 Jahren erreichte die Weltbevölkerung einen Stand von 1.000.000.000 Menschen. Seitdem kam das siebenfache hinzu und beträgt heute mehr als 8 Milliarden Erdenbürger. Die UNO erwartet bis zum Jahr 2100 etwa 10,9 Milliarden Menschen.[95]

Gott wird auf der „neuen Erde" für mehr als genug Nahrung für die Menschen sorgen, die den „Tag des HERRN" überstanden haben. In einer neuen Welt, die der Erde am sechsten Schöpfungstag gleicht, wird sich die Frage der Überbevölkerung und die damit verbundene Ernährungsunsicherheit nicht mehr stellen. Nachdem sich der größte Teil der Menschheit selbst gerichtet hat, werden die Menschen in Gottes neuer Welt verinnerlicht haben, wie man ein Paradies bewahrt.

„Und ich werde euch die Jahre erstatten, die die Heuschrecke, der Abfresser und die Heuschreckenlarve und der Nager gefressen haben, mein großes Heer, das ich gegen euch gesandt habe." (Joel 2,25)

Oftmals könnte man glauben, dieser Planet sei in der heutigen Zeit „von Gott verlassen". Aber Gott ist allgegenwärtig. Selbst in den Katastrophen, die die Menschheit auslöst, ist auch Gott der Handelnde. Gott hat die Menschen nicht geschaffen, dass sie übereinander herfallen, wie die Heuschrecken. Bereits in Vers 1,4 hat Joel das (Un-)Wesen der menschlichen Habgier mit Heuschrecken verglichen. Aber selbst das durch den Heuschrecken-Kapitalismus verursachte Leid wird Gott wieder kompensieren, denn er hat das Elend der menschlichen Profitsucht dazu genutzt, um auf den „Tag des HERRN" hinzuweisen und letztlich auch dazu, dass sich die Menschheit, die nichts von ihm wissen will, selbst zerstört.

Gott ist immer da. Nach dem „Tag des HERRN" werden unsere Erinnerungen an die Zeit der Trübsal und der Heuschreckenmentalität nur Schatten eines vergangenen Lebens sein. Gott wird uns die verlorenen Jahre erstatten, denn er hält ein Leben in vollkommener Liebe für uns bereit.

„Und ihr werdet genug essen und satt werden und werdet den Namen des HERRN, eures Gottes, loben, der Wunderbares an euch getan hat. Und mein Volk soll nie mehr zuschanden werden." (Joel 2,26)

In diesem Vers ist wieder der Name des HERRN ein Thema. Endlich wird jeder Mensch den Namen „Jahwe" loben, denn diejenigen, die nach dem „Tag Jahwes" auf die neue Erde gerettet wurden, nennen ihren Gott beim Namen. Ihre Beziehung zu Jahwe gleicht wirklich einer Vater-Kind-Beziehung, wie es Jesus im Vater-Unser-Gebet vorgibt. Im Gegensatz zur Anrede „HERR" oder „Herr" zeigt die Verwendung des wirklichen Gottesnamens, dass der dreieinige Gott der Christen einzigartig ist.

Im deutschsprachigen Raum redet man sich mit „Herr XYZ" an (oder mit Frau XYZ). Man benutzt das Sprichwort: „Wie der Herr, so's Gescherr." Oder man fragt: „Wer ist der Herr im Haus?" Bei keinem dieser Beispiele gibt es einen Bezug auf Gott, aber immer wird das Wort „Herr" benutzt.

Würden wir wirklich Gott bei seinem Namen Jahwe nennen, so wie er es mehrmals in der Bibel fordert, dann wäre das eine einzigartige Anrede, auch wenn es Länder (wie angeblich Deutschland) gibt, die zulassen, dass Eltern ihrem Kind diesen Namen geben.[96] Aber gerade weil der Name Gottes, möglicherweise um zu provozieren, zu einem Kindernamen gemacht wird, sollten diejenigen, die eine lebendige Beziehung zu Jahwe dem alleinigen Gott haben, ihn auch bei seinem Namen nennen. Den Gottesnamen „Jahwe" den Provokateuren zu überlassen wäre eine Kapitulation und 2Mo 3,14-15 entspräche es auch nicht. „Da sprach Gott zu Mose: »Ich bin, der ich bin.« Dann sprach er: So sollst du zu den Söhnen Israel sagen: ⟨Der⟩ »Ich bin« hat mich zu euch gesandt. Und Gott sprach weiter zu Mose: So sollst du zu den Söhnen Israel sagen: Jahwe, der Gott eurer Väter, der Gott Abrahams, der Gott Isaaks und der Gott Jakobs, hat mich zu euch gesandt. Das ist mein Name in Ewigkeit, und das ist meine Benennung von Generation zu Generation."

„Und ihr werdet erkennen, dass ich in Israels Mitte bin und dass ich, der HERR, euer Gott bin und keiner sonst. Und mein Volk soll nie mehr zuschanden werden."
(Joel 2,27)

Gott ist in der Mitte allen Seins. Er ist der Kern aller Dinge. Er ist die „Mitte Israels". So wie aus einem Kern einer Pflanze, wie z. B. eines Apfels, neues Leben wächst, so ist aus dem Kern Israels das neue Gottesverständnis erwachsen. Gott hat sich als der dreieinige Gott offenbart. Als Gott, der Vater, als Jesus Christus und als der Heilige Geist.

Jahwe ist Israels Mitte, sein Kern. Ohne Israel und das Alte Testament, mit seiner „Kernbotschaft", dass Jahwe die Welt geschaffen hat, gäbe es auch das Neue Testament nicht. Durch den Tanach Israels ist uns auch das Buch Joel erhalten geblieben. Und hier in Joels Botschaft dürfen wir uns von Gott berichten lassen wie wir leben sollen, um am „Tag Jahwes" bestehen zu können.

Viele Menschen glauben, man müsse in erster Linie traditionelle christliche Moralvorstellungen übernehmen, um am „Tag Jahwes" bestehen zu können. Joel gibt aber keine Anweisungen wie wir unser Sexualleben reglementieren sollen. Zwar wird er in Kapitel 4 berichten, dass das Geschenk der Sexualität nicht kommerzialisiert und auf reine Triebbefriedigung reduziert werden soll, aber Joel unterscheidet nicht in welcher Form die Liebe und das Wunder der sexuellen Gemeinschaft, weitergegeben werden soll. Schon gar nicht empfiehlt er die sexuelle Enthaltsamkeit.

Joel verlangt auch keine speziellen Zeremonien. Er spricht einfach davon, dass die Menschen zu Gottesdiensten zusammenkommen und Jahwe preisen sollen.

Joel verlangt nicht, dass die Menschen alles Irdische verachten sollen. Aber er weist deutlich darauf hin, dass sich die Menschheit durch eine rein materialistische Weltsicht selbst zerstören wird.

Der Weg, um dieser Zerstörung zu entgehen, ist einfach und wurde hier schon mehrmals angesprochen. Jahwe will in unseren Herzen wohnen. Er will, dass wir durch unsere Lebensweise keine Tiere töten, und dass wir in unseren Gottesdiensten mit ihm und unseren Glaubensgeschwistern Gemeinschaft haben (Joel 2,15). Das zeigt, dass wir sein Volk sind. Und so wird sein Volk auch nie mehr zuschanden werden.

17. Das dritte Kapitel:
Der Heilige Geist und der Tag Jahwes

1 Und danach wird es geschehen, dass ich meinen Geist ausgießen werde über alles Fleisch. Und eure Söhne und eure Töchter werden weissagen, eure Greise werden Träume haben, eure jungen Männer werden Visionen sehen.

2 Und selbst über die Knechte und über die Mägde werde ich in jenen Tagen meinen Geist ausgießen.

3 Und ich werde Wunderzeichen geben am Himmel und auf der Erde: Blut und Feuer und Rauchsäulen.

4 Die Sonne wird sich in Finsternis verwandeln und der Mond in Blut, ehe der Tag des HERRN kommt, der große und furchtbare.

5 Und es wird geschehen: Jeder, der den Namen des HERRN anruft, wird gerettet werden. Denn auf dem Berg Zion und in Jerusalem wird Rettung sein, wie der HERR gesprochen hat, und unter den Übriggebliebenen, die der HERR berufen wird.

(Joel 3,1-5)

Noch immer wird von dem erzählt, was vor dem „Tag des HERRN" geschieht. Abgesehen von der kurzen Vorschau aus den Versen von Joel 2,18-27 (die den Unterschied von Gericht und Rettung zeigen sollen) betreffen bisher alle Texte die Monate vor dem „Tag des Gerichts".

„Und danach ..." Die Anfangsworte von Joel 3,1 beziehen sich auf Joel 2,15-17. Nachdem die Anweisungen dieser Verse ausgeführt wurden, wird Gott seinen Geist ausgießen, wie er es vor knapp 2.000 Jahren beim Pfingstereignis gemacht hat. Mit Joel 3,1 springt die Berichterstattung wieder zurück zur Zeit vor dem „Tag Jahwes".

Die fünf Verse von Kapitel 3 werden fast komplett von Petrus in Apg 2,17-21 zitiert. Bei seiner Pfingstpredigt rezitiert der Apostel diese Bibelstelle. Die Elberfelder Bibel gibt den Text aus der Apostelgeschichte aber mit anderen Worten wieder, als er im (hebräischen) Joelbuch steht. Möglicherweise liegen diese Unterschiede in den Formulierungen daran, dass das Neue Testament ursprünglich in Griechisch verfasst wurde.

Vers 1 gibt Petrus in Apg 2,17 so wieder: „Und es wird geschehen in den letzten Tagen, spricht Gott, dass ich von meinem Geist ausgießen werde auf alles Fleisch, und eure Söhne und eure Töchter werden weissagen, und eure jungen Männer werden Erscheinungen sehen, und eure Ältesten werden in Träumen Visionen haben.“

Offenbar ist Petrus davon ausgegangen, dass der „Tag Jahwes“ noch zu seinen Lebzeiten geschehen würde. Die Endzeiterwartung von Petrus ist verständlich, da Jesus im Matthäusevangelium sagt: „Wahrlich, ich sage euch: Es sind einige von denen, die hier stehen, die werden den Tod keinesfalls schmecken, bis sie den Sohn des Menschen haben kommen sehen in seinem Reich.“ (Mt 16,28) Jesus ist zwar nach seinem Kreuzestod auferstanden und sein Reich ist für Christen in einer übernatürlichen Weise existent, aber das Ereignis, mit dem Petrus rechnete, ist sicher das, was die Christenheit auch heute noch in Form von der Entrückung und dem „Tag Jahwes“ erwartet.

Petrus hatte damals die Verse aus dem Joelbuch, die die Ausgießung von Gottes Geist prophezeiten, ernst genommen und darin das Pfingstereignis gesehen. Vom Heiligen Geist erfüllt, konnten die Jünger in fremden Sprachen, die sie niemals konventionell erlernt hatten, von Jesus berichten. In diesem Geschehen ist sicher ein Teil der Joelprophetie schon eingetroffen.

Das deutliche Wirken des Heiligen Geistes ist aber leider nur selten in den letzten 2.000 Jahren so klar zu spüren gewesen, wie im 1. Jahrhundert. Zudem spricht Petrus in Apg 2,17: „Und es wird geschehen in den letzten Tagen." Dieser Zeitraum werden die Tage und Wochen direkt vor dem „Tag Jahwes" sein. Dann werden wieder die Wunder geschehen, wie wir sie aus der Apostelgeschichte kennen. Dann werden die Söhne und Töchter der Christen, erfüllt vom Heiligen Geist, die biblischen Prophezeiungen so lesen können, wie sie wirklich gemeint sind, und weissagen, was die Menschen der Endzeit wissen müssen. Kein Greis wird zu alt sein, um mit dem Heiligen Geist erfüllt zu werden, und niemand zu jung.

In 2Petr 3,7+8 erklärt Petrus: „Die jetzigen Himmel und die ⟨jetzige⟩ Erde aber sind durch dasselbe Wort aufbewahrt und für das Feuer aufgehoben zum Tag des Gerichts und des Verderbens der gottlosen Menschen. Dies eine aber sei euch nicht verborgen, Geliebte, dass beim Herrn ein Tag ist wie tausend Jahre und tausend Jahre wie ein Tag." Für Gott sind tausend Jahre wie ein Tag. Joel 3,1 und Apg 2,17 gelten genauso zur Zeit der Apostel wie in der Endzeit, deren Zeichen immer deutlicher zu sehen sind. Es bleibt zu hoffen, dass die Menschen auch darauf hören, wenn unsere Söhne und Töchter weissagen. Als sie die Klimakatastrophen geweissagt hatten, wollte kaum jemand auf sie hören.

„Und selbst über die Knechte und über die Mägde
werde ich in jenen Tagen meinen Geist ausgießen."

(Joel 3,2)

Das hebräische Wort, das hier mit „Knechte" übersetzt wird, ist „הָעֲבָדִים". Der Grundbestandteil davon ist
das Nomen עֶבֶד ('ævæd) und wurde von Luther meist
übersetzt mit „Knecht", auch wenn oft „Diener" oder
„Sklave" der eigentlichen Bedeutung näher kommen
würde. Meist ist nur aus dem Gesamtzusammenhang erkennbar, was wirklich gemeint ist. Die in Joel 3,2 ge-
meinten „Knechte" und „Mägde" stehen unbestreitbar auf
der niedrigsten Stufe der Gesellschaft, was die Worte
„Und selbst" am Anfang des Satzes deutlich machen.

Da in den heutigen westeuropäischen Gesellschaften
Sklaverei nur in verdeckter Form stattfindet (z.B. Men-
schenhandel/Zwangsprostitution, prekäre Arbeitsverträ-
ge, Abhängigkeiten durch Überschuldung, ...), würde
man die Menschen, über die Gott seinen Geist in der
Endzeit ausgießt, heute nicht mehr „Knechte" und „Mägde" nennen. Aber es sind die Begriffe, die für Joel (und
die Übersetzer der gebräuchlichsten Bibeln) den meisten
Sinn ergaben.

Der Heilige Geist, der dem Menschen deutlich macht,
wie erlösend ein Leben ist, das Joel 2,15 entspricht, wird
unabhängig von gesellschaftlichem Rang, theologischen
Universitätsabschlüssen, kirchlichen (Ordinations-)Wei-
hen oder sonstigen Kategorien ausgegossen, in die sich

die Menschen gerne einteilen. In der Endzeit kann (wie auch zur Zeit Jesu) ein Theologe völlig falsch liegen, während ein kleiner Dienstleister mit Mindestlohn von Gott mit einer Offenbarung beschenkt wird. Die hochgeachtete Gemeindeleiterin kann die Bibel missverstehen und die unbeachtete, aber lernfähige Seniorin kann die Botschaft erkennen. Gott steht wie immer über den Konventionen der Menschen.

„Und ich werde Wunderzeichen geben am Himmel und auf der Erde: Blut und Feuer und Rauchsäulen."
(Joel 3,3)

Die westliche Gesellschaft, wie auch viele andere Gesellschaften, kann man kaum noch mit außergewöhnlichen Begebenheiten beeindrucken. Beinahe jeder Skandal ist nach wenigen Wochen vergessen. Opfer von rassistischen Anschlägen sehen sich gezwungen, die kurzzeitige Aufmerksamkeit der Medien möglichst effektiv auszunutzen, da erwartungsgemäß bald das nächste Gewaltereignis das Interesse der Informations-Konsumenten einnehmen wird. Gruppen, die das Klima retten wollen, müssen schon die Schulpflicht verweigern (oder sich auf Straßen festkleben), um interviewt zu werden. Da wäre es beinahe ein Wunder, wenn es ein Wunder in die Schlagzeilen schafft. In einem solchen Umfeld muss Gott Ereignisse geschehen lassen, die die üblichen Katastrophenmeldungen in den Medien übertreffen: Blut, Feuer und Rauchsäulen.

Und genau solche Bilder senden die Nachrichtenkanäle in der jetzigen Zeit. Blut in einem Krieg, der zwar nicht grausamer ist als ähnliche Kriege der vergangenen Jahrzehnte, über dessen blutige Opfer aber aufgrund der wirtschaftlichen Folgen auf die Welt pausenlos berichtet wird. Feuer, das aufgrund der Klimaveränderungen Wälder in nie gekanntem Ausmaß vernichtet. Und beide Ereignisse verbinden die Rauchsäulen, die hoch in den Himmel ragen.

Bei der Abgebrühtheit der Fernsehkonsumenten ist es ein buchstäbliches Wunder, dass über diese Zeichen berichtet wird, auch wenn kaum ein Mensch diese Geschehnisse mit den biblischen Prophezeiungen in Verbindung bringt.

„Die Sonne wird sich in Finsternis verwandeln und der Mond in Blut, ehe der Tag des HERRN kommt, der große und furchtbare." (Joel 3,4)

Machen wir ein Gedankenexperiment auf Basis dessen, was die Bibel über den „Tag Jahwes (den Tag des HERRN)" sagt.

Wir haben gelernt, dass nach der Bibel viele Dinge geschehen werden, die man als Bibelkundiger als Vorzeichen des Tages des HERRN deuten kann. Selbst Jesus hat zu seinen Jüngern davon gesprochen: „Ihr werdet aber von Kriegen und Kriegsgerüchten hören. Seht zu, erschreckt nicht! Denn es muss geschehen, aber es ist noch nicht das Ende. Denn es wird sich Nation gegen Nation erheben und Königreich gegen Königreich, und es werden Hungersnöte und Erdbeben da und dort sein. Alles dies aber ist der Anfang der Wehen." (Mt 24,6-8)

Denken wir uns in die Zeit zurück, als es noch keine Corona-Pandemie, keinen Energiemangel in Europa, kein Ausbleiben des Weizens aus der Ukraine gab. Im Jahr 2018 hätte sicher niemand damit gerechnet, dass diese Themen einmal die Schlagzeilen beherrschen würden. Das Jahr 2018 hatten wir schon mehrmals in diesem Buch erwähnt. Vom 24.08.2018 konnte man auf welt.de [97] lesen: „Putin sagt sich vom Dollar-Diktat los". Auf chroniknet.de wird berichtet: „Im Zuge der Spannungen mit Russland und der militärischen Fortschritte Chinas ist die am 4. Mai 2018 bereits angekündigte Reaktivierung der Zweiten US-Flotte im Atlantik formell erfolgt."[98] Und von diesem Tag berichten weitere Medien, dass die in der Ukraine gängige Grußform „Ruhm der Ukraine – Ruhm den Helden" der offizielle militärische Gruß der ukrainischen Streitkräfte wurde.

Zu diesem Zeitpunkt gab es für die Katastrophennachrichten, die drei bis 4 Jahre später den Alltag beherrschen werden, nur minimale, aber unleugbare Anzeichen. Praktisch die ersten Wehen, von denen Jesus spricht. Auch die ersten Anzeichen einer Nahrungsmittelknappheit, die sich noch verstärken würde, konnte man auf der Online-Präsens der FAZ bereits am 24.08.2018 lesen. Unter der Überschrift: „FOLGEN DER DÜRRE - Werden Brot und Brötchen bald teurer?"[99] stand dort: „Eine Tonne Weizen ist in der Weizenbörse in Paris derzeit mit rund 200 Euro notiert. Das ist ein Viertel teurer als im August vergangenen Jahres."

Über 2018 berichtet Spiegel.de: „2018 gab es die schwersten Waldbrände der Geschichte."[100] Ähnlich wird 2019 auf saarbruecker-zeitung.de dargestellt: „Jahresrückblick 2019: Das Jahr der Katastrophen."[101]

2020 stand laut klimareporter.de nicht nur im Zeichen von Corona: „2020 war ein Jahr der Extreme. Nicht nur wegen Covid-19. Es war auch ein Jahr der verheerenden Naturkatastrophen, bei denen der Klimawandel eine Rolle spielt."[102] Und 2021 setzte laut BR neue Maßstäbe: „2021 war Katastrophen-Rekordjahr."[103] Dann sind wir 2022 durch den Beginn des Ukraine-Krieges „in einer neuen Welt aufgewacht", wie die deutsche Außenministerin Annalena Baerbock zitiert wird.[104]

Das alles fügt sich innerhalb von 3½ Jahren zu einer kontinuierlichen Häufung von Katastrophenmeldungen zusammen, ähnlich den Wehen vor einer Geburt, deren Abstände sich immer weiter verkürzen. In Mt 24 wurde das bereits vorausgesagt. Ebenso in 1Thes 5,3 „Wenn sie sagen: Friede und Sicherheit!, dann kommt ein plötzliches Verderben über sie, wie die Geburtswehen über die Schwangere." 2018 glaubte man noch Friede und Sicherheit wären in Europa selbstverständlich und man könne beim Militär sparen. So hat sich 2018 auf deutschlandfunk.de ein General a.D. geäußert, dass die Bundeswehr für die Wahrnehmung ihrer

Aufgaben in den letzten 15, vielleicht sogar 20 Jahren nicht genug Geld gehabt hat[105].

Im biblischen Zusammenhang gesehen bildet die Zeit dieser Ereignisse möglicherweise die 3½ Jahre vor dem Erscheinen des Antichristen. Vom 24.08.2018 aus gesehen, wären dann am 24.02.2022 die 3½ Jahre vorbei: dem Datum, an dem der Überfall auf die Ukraine begann.

Wieso ist die Zeitspanne von 3½ Jahren in der Endzeit so wichtig? Sie bildet die erste der beiden Hälften der letzten Jahrwoche, die in Daniel 9,27 erwähnt wird. In Dan 9,24-27 berichtet der Prophet Daniel von 70 Jahrwochen, die vergehen müssen, bevor Gott die finale „Vernichtung über den Verwüster" geschehen lässt. Dazu merkt die Elberfelder Bibel richtig an, dass eine Jahrwoche ein Abschnitt von 7 Jahren ist. Der Abschnitt aus dem Danielbuch liest sich wie folgt: „Siebzig Wochen [das sind Jahrwochen; d. h. Abschnitte zu je sieben Jahre] sind über dein Volk und über deine heilige Stadt bestimmt, um das Verbrechen zum Abschluss zu bringen und den Sünden ein Ende zu machen und die Schuld zu sühnen und eine ewige Gerechtigkeit einzuführen und Vision und Propheten zu versiegeln und ein Allerheiligstes zu salben. So sollst du denn erkennen und verstehen: Von dem ⟨Zeitpunkt an, als das⟩ Wort erging, Jerusalem wiederherzustellen und zu bauen, bis zu einem Gesalbten, einem Fürsten, sind es sieben Wochen. Und 62 Wochen ⟨lang⟩ werden Platz und Stadtgraben wiederhergestellt und gebaut sein, und zwar in der Bedrängnis der Zeiten.

Und nach den 62 Wochen wird ein Gesalbter ausgerottet werden und wird keine ⟨Hilfe⟩ finden. Und das Volk eines kommenden Fürsten wird die Stadt und das Heiligtum zerstören, und sein Ende ist in einer Überflutung; und bis zum Ende ist Krieg, fest beschlossene Verwüstungen. Und stark machen wird er einen Bund für die Vielen, eine Woche lang; und zur Hälfte der Woche wird er Schlachtopfer und Speisopfer aufhören lassen. Und auf dem Flügel von Gräueln ⟨kommt⟩ ein Verwüster, bis fest beschlossene Vernichtung über den Verwüster ausgegossen wird." (Dan 9,24-27)

Die Worte: „Von dem ⟨Zeitpunkt an, als das⟩ Wort erging, Jerusalem wiederherzustellen ...", könnten sich auf die ersten protestantischen Erfolge beziehen, als die Reformatoren zu Beginn der Neuzeit daran arbeiteten die christlichen Institutionen so „wiederherzustellen", dass sie dem Wort Gottes entsprachen. Das Wort „Reformation" kommt vom lateinischen „reformatio" und bedeutet „Wiederherstellung". Während der ersten 7 Jahrwochen (49 Jahre) etablierte sich die Reformation. Und in den darauffolgenden 62 Jahrwochen (434 Jahre) entwickelte sich die christliche Kirche weiter („wiederhergestellt und gebaut, und zwar in der Bedrängnis"), trotz aller Zeitgeistmoden, die versuchten, den Glauben überflüssig zu machen. In der letzten Jahrwoche (7 Jahre), wird nach 3½ Jahren der „Verwüster" auftreten. Joel beschreibt ihn als „den von Norden".

Wer der „Verwüster, der „Antichrist" ist, der nach 3½

Jahren das Weltgeschehen zu bestimmen scheint, sagt keine Prophezeiung konkret voraus. Es bleibt in der Verantwortung jedes einzelnen Christen, den Inhalt der Bibel mit dem Zeitgeschehen abzugleichen. In Mt 24,11-15 sagt Jesus: „Und viele falsche Propheten werden aufstehen und werden viele verführen; und weil die Gesetzlosigkeit überhandnimmt, wird die Liebe der meisten erkalten; wer aber ausharrt bis ans Ende, der wird gerettet werden. Und dieses Evangelium des Reiches wird gepredigt werden auf dem ganzen Erdkreis, allen Nationen zu einem Zeugnis, und dann wird das Ende kommen. Wenn ihr nun den Gräuel der Verwüstung, von dem durch Daniel, den Propheten, geredet ist, an heiliger Stätte stehen seht – wer es liest, der merke auf!"

Offenbarung 13,4-5 sagt mehr über den Antichristen (der hier der Drache ist) und den falschen Propheten (der hier das Tier genannt wird): „Und sie beteten den Drachen an, weil er dem Tier die Macht gab, und sie beteten das Tier an und sagten: Wer ist dem Tier gleich? Und wer kann mit ihm kämpfen? Und es wurde ihm ein Mund gegeben, der große Dinge und Lästerungen redete; und es wurde ihm Macht gegeben, 42 Monate zu wirken."

Im Zusammenhang mit dem, was Joel schreibt, gibt „der aus dem Norden" einem falschen Propheten, eine besondere Kampfesstärke, so dass beinahe jeder sagt: „Und wer kann mit ihm kämpfen?" Der falsche Prophet ist in den Medien beinahe ständig präsent, so dass sich der Vergleich von Zuschauern, die einen Bildschirm anstarren mit Religionsanhängern, die eine Kultfigur anbeten, aufdrängt.

Der falsche Prophet wird 42 Monate seine Botschaften an die Welt verkünden. Das ist ein Zeitraum von genau 3½ Jahren. In diesem Fall ist die zweite Hälfte der 7 Jahrwochen gemeint. Und am Ende dieser 3½ Jahre werden die Gläubigen von Jesus gerettet werden. Diese „Entrückung" erspart es ihnen, den furchtbaren „Tag des Gerichts" überstehen zu müssen. „Denn der Herr selbst wird beim Befehlsruf, bei der Stimme eines Erzengels und bei ⟨dem Schall⟩ der Posaune Gottes herabkommen vom Himmel, und die Toten in Christus werden zuerst auferstehen; danach werden wir, die Lebenden, die übrig bleiben, zugleich mit ihnen entrückt werden in Wolken dem Herrn entgegen in die Luft; und so werden wir allezeit beim Herrn sein." (1Thes 4,16-17)

Die Phasen von „zunehmenden Geburtswehen", Auftreten des Antichristen und seines falschen Propheten, und der Abkehr vieler Christen von ihrem Glauben, spiegelt sich im Geschehen der Zeit. Die Abstände zwischen den Naturkatastrophen verringern sich, diktatorische Regime und unheilvolle Bündnisse bedrohen den Weltfrieden, und die Christen entfremden sich zunehmend von ihrem Glauben.

Dieses Gedankenexperiment zeigt, dass niemand sagen kann, es hätte nichts auf den „Tag des HERRN", den „Tag Jahwes", hingewiesen. Zwar hat Jesus selbst gesagt, dass nur Gott allein weiß, wann dieser Tag kommt, aber die Gläubigen sollten jederzeit die Zeichen erkennen und darauf vorbereitet sein. Jesus sprach: „Der Himmel und die Erde werden vergehen, meine Worte aber sollen nicht vergehen. Von jenem Tag aber und jener Stunde weiß niemand, auch nicht die Engel in den Himmeln, auch nicht der Sohn, sondern der Vater allein." (Mt 24,35-36)

„Sonnenfinsternisse" und sogenannte „Blutmonde" sind reale berechenbare Ereignisse am Himmel, die schon immer aufgetreten sind. Joel erwähnt sie, weil sie völlig außerhalb des menschlichen Einflusses stehen. Sie zeigen Gottes Souveränität. Sie zeigen, dass der „Tag Jahwes" ebensowenig von den Menschen verhindert werden wird wie man eine Sonnenfinsternis oder einen Blutmond verhindern kann.

„Und es wird geschehen: Jeder, der den Namen des HERRN anruft, wird gerettet werden. Denn auf dem Berg Zion und in Jerusalem wird Rettung sein, wie der HERR gesprochen hat, und unter den Übriggebliebenen, die der HERR berufen wird." (Joel 3,5)

In Mt 7,21 wird Jesus zitiert mit den Worten: „Nicht jeder, der zu mir sagt: Herr, Herr!, wird in das Reich der Himmel hineinkommen, sondern wer den Willen meines Vaters tut, der in den Himmeln ist." Und in Joh 10,30 sagt er: „Ich und der Vater sind eins." Mit Vater meint er den Gott Jahwe, was auch im „Vater unser" zum Ausdruck kommt. Hier zeigt sich, dass Jesus und Jahwe, zusammen mit dem Heiligen Geist, den dreieinigen Gott bilden.

Im Neuen Testament wird statt des hebräischen אֲדֹנָי 'ădonāj „(mein) Herr", das griechische κύριος kyrios „Herr" gebraucht.[106] Das in Matthäus 7,21 verwendete Wort κύριε ist das Vokativ (Anredeform) des griechischen κύριος „Herr".[107]

Jesus wird also mit dem gleichen Begriff angeredet, der auch statt des Gottesnamens Jahwe gebraucht wird. Jesus stellt in Mt 7,21 klar, dass „nicht jeder, der sagt: Herr, Herr!, in das Reich der Himmel kommen wird", sondern wer das tut, was Gott will. Und Gott hat seinen Willen in Joel 2,15-16 ebenso kundgetan, wie er es in Joel 1,14 tat.

Wir sollen uns vor falschen Propheten hüten und uns an unseren „Früchten" erkennen lassen. Gott wird uns ein „fruchtbares" Leben führen lassen, wenn wir ihn in unseren Herzen wohnen lassen und ihn bei seinem Namen nennen, uns so ernähren, wie Gott es sich in der Schöpfungswoche gedacht hat und uns zu den Gottesdiensten versammeln.

In Joel 3,5 weist der Schreiber darauf hin, dass „Rettung auf dem Berg Zion und in Jerusalem" sein wird. Der Berg Zion ist ein Teil Jerusalems und beide Begriffe werden in der Bibel oft als Synonym gebraucht. Aber angesichts dessen, dass für die Christen Gott nicht mehr in Zion wohnt, sondern in den Herzen der Gläubigen, kann man diese Passage auch so deuten, dass vor dem „Tag

Jahwes" die Christen gerettet werden, die Gott in ihren Herzen wohnen lassen, und die Juden, die Jesus als den Messias anerkennen, der in Jerusalem gestorben und auferstanden ist. Aber nicht gerettet werden diejenigen, die mit dem Begriff „Herr" einen Gott anrufen, den sie nicht kennen, dessen Namen ihnen gar nicht bewusst ist und die ihn vielleicht auch nicht wirklich kennen wollen.

Gott gießt gerade in der Endzeit seinen Geist aus über diejenigen, die in der Bibel forschen und nach seinem Willen fragen. Das Buch Joel zeigt sehr anschaulich, was Gottes Wille ist und was das für unsere Zeit bedeutet. Wer glaubt, dass es wichtig sei, in Lobpreisgottesdiensten ganz oft das Wort „Herr" verwenden zu müssen, um „in das Reich der Himmel hineinzukommen", der muss mit einer Überraschung rechnen. Jesus hat in Mt 7,21 schon davor gewarnt. Aber wer die Bibel und damit auch die Joelprophezeiung ernst nimmt, der darf sich auf den Himmel freuen.

18. Das vierte Kapitel: Das Schicksal der Gerichteten

1 Denn siehe, in jenen Tagen und zu jener Zeit, wenn ich das Geschick Judas und Jerusalems wenden werde,

2 dann werde ich alle Nationen versammeln und sie ins Tal Joschafat hinabführen. Und ich werde dort mit ihnen ins Gericht gehen wegen meines Volkes und meines Erbteils Israel, das sie unter die Nationen zerstreut haben. Und mein Land haben sie geteilt

3 und über mein Volk das Los geworfen; und einen Jungen gaben sie für eine Hure und ein Mädchen verkauften sie für Wein und tranken.

(Joel 4,1-3)

Die zuvor untersuchten Verse 1 bis 5 aus Kapitel 3 des Joelbuches bilden in der King-James-Übersetzung[108] die Verse 28 bis 32 des zweiten Kapitels. Somit wäre das vierte Kapitel der Elberfelder Bibel (das wir jetzt behandeln), das dritte Kapitel der King-James-Übersetzung.

Für die Gläubigen, für diejenigen, die Jesus vor dem „Tag des HERRN" zu sich in den Himmel entrückt hat, könnte die Joelprophezeiung schon mit Joel 3,5 zu Ende sein. Wer vorher Gottes Willen erkannt, Jesus als Heiland angenommen und ein Leben geführt hat, wie es im Joelbuch empfohlen wird, der darf sich am Tag des Gerichts im Himmel in Sicherheit wissen. Und was danach geschieht, betrifft nur die diejenigen, die Gott nicht als den Herrn der Schöpfung anerkennen und diesen Planeten zugrunde richten (z.B. „den aus dem Norden").

Vielleicht hat die Septuaginta deshalb das dritte Kapitel an das zweite angefügt, weil das letzte Kapitel eher für die Leser gedacht ist, die sich fragen: „Was macht es schon, wenn ich nicht Joel 2,15 ernst nehme und deshalb von Gott gerichtet werde?"

Aber Gott will, dass nach all den guten Angeboten auf Rettung auch die bittere Wahrheit genannt wird, was passiert, wenn ein Mensch sich nicht retten lässt und dann den Menschen ausgeliefert ist, die diesen Planeten ausbeuten und zerstören.

„In jenen Tagen", wenn Gott Gericht gehalten hat, wenn er die Christen und Juden, die Jesus als Messias erkannt haben, zu sich geholt hat, dann wird er über jene Menschen Gericht halten, die sich weder um ihn, noch um seine Schöpfung scheren. Die Gläubigen aus „Juda und Jerusalem" werden dann schon bei Gott sein.

„Dann werde ich alle Nationen versammeln und sie ins Tal Joschafat hinabführen. Und ich werde dort mit ihnen ins Gericht gehen wegen meines Volkes und meines Erbteils Israel, das sie unter die Nationen zerstreut haben. Und mein Land haben sie geteilt." (Joel 4,2)

Gott wird die kriegslüsternen Nationen im Tal Joschafat versammeln. Das klingt zunächst nach einem Ort in Israel. Aber erst Eusebius von Caesarea (260/64 bis 339/340) sah im Kidrontal bei Jerusalem diesen Ort[109]. Da es keine wirkliche geografische Zuordnung des „Tal Joschafat" gibt, sehen die meisten Bibelausleger darin einen Symbolnamen, der auf das letzte Gericht über die Völker verweist, denn „šāfāṭ" heißt „er richtet" und „jəhô" ist eine Schreibweise des Gottesnamens.

Wenn Gott die Menschen aufruft, sich zu versammeln, dann folgen sie in den meisten Fällen nicht seiner Aufforderung. Aber die Menschen, die nicht durch die Entrückung vor dem „Tag des Gerichts" bewahrt blieben, weil sie Gott nicht ernst nehmen, werden auch ohne Gottes Befehl sich zum gegenseitigen Abschlachten versammeln und letztlich selbst richten.

„Mein Land haben sie geteilt", führt Gott als Anklage an. Machtstreben und sich ausbreitende Ideologien, haben in den letzten Jahrzehnten viele geteilte Länder hinterlassen: Ukraine (West/Ost), Korea (Nord/Süd), Sudan (Republik/Süd), Irland (Republik/Nord), Zypern (Republik/Nord). Selbst Vietnam (Nord/Süd bis 1975) und der Jemen (Nord/Süd bis 1990) waren in der Vergangenheit geteilt. Und auch Deutschland (BRD/DDR bis 1989) bestand nach dem Zweiten Weltkrieg zunächst aus zwei Staaten. Noch immer sind die Lebensbedingungen im Osten und im Westen der Bundesrepublik in vielen Bereichen unterschiedlich. Diese Verbrechen „gegen Gottes Volk und gegen Gottes Erbteil Israel" werden den kriegslüsternen Nationen angelastet.

„Und über mein Volk das Los geworfen; und einen Jungen gaben sie für eine Hure und ein Mädchen verkauften sie für Wein und tranken." (Joel 4,3)

Von einem geteilten Land wurde in Joel 4,2 gesprochen. In Vers 3 lesen wir davon, dass dieses Land von „dem aus dem Norden" zu einem Zentrum der Prostitution gemacht worden ist. Beides trifft z.B. auf Deutschland zu. Seit der Legalisierung der Prostitution 2002 herrscht in Deutschland eine der liberalsten Prostitutionsgesetzgebungen Europas. Seit dieser Zeit sind immer mehr Bordelle entstanden. Über die Bundesrepublik wird in ausländischen Medien ein ähnliches Bild gezeichnet, wie es die Deutschen über Thailands Sexindustrie haben.[110] Internationale Unternehmen organisieren Rundreisen innerhalb Deutschlands von Rotlichtbezirk zu Rotlichtbezirk. Dass ein Großteil der Sexarbeiterinnen nicht freiwillig und unter menschenunwürdigen Bedingungen arbeitet, ignoriert der Staat dabei scheinbar, da er dadurch enorme Steuereinnahmen der boomenden Sexindustrie bekommt. Deutschland ist laut einer ZDF-Dokumentation von 2018 zur Drehscheibe für Zwangsprostitution und Menschenhandel geworden. Und einen weiteren Rekord hält die Bundesrepublik auch: Laut einer Meldung auf tk.de ist Deutschland Weltmeister im Pornokonsum und sorgt für über 12 % des weltweiten Porno-Datentraffics im Internet (Stand: 26.08.2021).[111]

Wenn Gott in Joel 4,3 als Anklagepunkt am Tag des Gerichts diese Zustände anklagt, dann zeigt das, wie pervers die Menschheit das Geschenk der Liebe und Intimität zu einer Ware gemacht hat. Hier wird nicht fehlende Enthaltsamkeit angeklagt. Auch spielt in diesem Bibelvers offensichtlich keine Rolle, ob die Sexualpartner ein Ehedokument vorweisen können oder nicht. Die Angeklagten haben sich versündigt, weil sie mit den „Mädchen und Jungen" Menschenhandel trieben. Damit haben sie aus der größten Macht, die zwei Menschen miteinander verbinden kann, aus der Liebe, eine käufliche Triebbefriedigung gemacht, die oftmals kriminellen Organisationen große Gewinne auf Kosten von notleidenden Frauen einbringt. Wahre Liebe wird so pervertiert.

2022 sind die verantwortlichen Politiker zwar aufgewacht, was mögliche Kriege in Europa betrifft. Aber im Hinblick auf Zwangsprostitution scheinen die Verantwortlichen noch zu schlafen. Das wird allen, die Gewinn aus dem Menschenhandel machen, am „Tag des HERRN" noch zur Anklage werden.

19. Weitere Anklagepunkte

4 Und was wollt ihr mir denn, Tyrus und Sidon und alle Bezirke Philistäas? Wollt ihr mir eine Tat vergelten, oder wollt ihr mir etwas antun? Schnell, eilig werde ich euer Tun auf euren Kopf zurückbringen,

5 weil ihr mein Silber und mein Gold weggenommen und meine besten Kleinode in eure Tempel gebracht habt,

6 und die Söhne Juda und die Söhne Jerusalems habt ihr den Söhnen der Griechen verkauft, um sie weit von ihrem Gebiet zu entfernen.

7 Siehe, ich will sie erwecken von dem Ort, wohin ihr sie verkauft habt, und will euer Tun auf euren Kopf zurückbringen.

8 Und ich werde eure Söhne und eure Töchter in die Hand der Söhne Juda verkaufen; und die werden sie an die Sabäer verkaufen, an eine ferne Nation. Denn der HERR hat geredet.

(Joel 4,4-8)

Angesichts dessen, was die Menschen in der Mitte Europas, im Land der Reformation, und im Rest der Welt aus dem Wunder der Liebe gemacht haben, wird Gott jetzt sarkastisch. „Wollt ihr mir eine Tat vergelten, oder wollt ihr mir etwas antun?", fragt er ironisch. Die Menschenhändler glauben sich unantastbar, weil sie sogar die Staatenlenker zu ihren Willfährigen gemacht haben. Die kriminellen Banden, die Deutschland dazu gebracht haben, dass es zum Bordell Europas wurde, müssen sich gottgleich vorkommen.

Die Städte „Tyrus und Sidon" liegen im heutigen Libanon. Doch egal woher die Anführer der organisierten Kriminalität kommen, Gott wird über sie richten. Alle Verbrechen, die sie begangen haben, wird er „auf ihren Kopf zurückbringen". Auch wenn die Polizei oftmals wegen absurder politischer Vorgaben, sich vor der organisierten Kriminalität geschlagen geben musste, Gott wird nicht kapitulieren. Er ist es, der Gericht halten wird.

„Weil ihr mein Silber und mein Gold weggenommen und meine besten Kleinode in eure Tempel gebracht habt." (Joel 4,5)

In unserem Text könnten „Tyrus und Sidon" also für die organisierte Kriminalität stehen, die Deutschland zum Bordell Europas gemacht hat. Mit der zunehmenden Abschaffung rechtsstaatlicher Strukturen und der Etablierung krimineller Netzwerke, rauben diese Verbrecher damit Europa das, was sinnbildlich das „Gold und Silber" des Kontinents ist: die christliche Kultur, das menschliche Miteinander, die soziale Gerechtigkeit, die Verlässlichkeit, der Glaube an einen liebenden Gott.

Wenn all diese Errungenschaften Europas (in metaphorischen Tempeln) geopfert werden, weil es die Machthaber für angebracht halten, dann wird Gott das am Tag des Gerichts nicht ungestraft lassen. „Tyrus und Sidon" machen selbst vor den „besten Kleinoden Gottes" nicht halt. Ihnen ist nichts heilig. Aber Gott hat es in 5Mo 32,35 schon angekündigt: „Mein ist die Rache und die Vergeltung." Paulus hat es in seinem Brief an die Gemeinden in Rom wiederholt: „Rächt euch nicht selbst, Geliebte, sondern gebt Raum dem Zorn ⟨Gottes⟩!" (Röm 12,19)

„Und die Söhne Juda und die Söhne Jerusalems habt
ihr den Söhnen der Griechen verkauft, um sie weit von
ihrem Gebiet zu entfernen."

(Joel 4,6)

Hier geht es um Arbeitskraft und um Heimat. Jerusalem ist für die abrahamitischen Religionen eine „heilige" Stadt. Wenn hier berichtet wird, dass „die Söhne Jerusalems" als Sklaven verkauft werden, dann bedeutet das global gesehen, dass „Tyrus und Sidon" (als ungläubige Geschäftemacher) von Gott vorgeworfen wird, dass sie die gläubigen Arbeitnehmer in menschenunwürdige Arbeitsbedingungen bei Konzernen aus aller Welt gezwungen haben. Selbst wer in der ehemals heiligen Stadt Köln arbeitet, hat doch vielleicht einen Arbeitgeber, der seinen Firmensitz in einem Teil der Welt hat, der von Jesus Christus nichts wissen will.

Durch die Globalisierung werden die Menschen sowohl geografisch als auch kulturell „weit von ihrem Gebiet entfernt". Dabei ist die Abhängigkeit von Arbeitgebern, Produkten und Dienstleistungen aus aller Welt, sowohl sozialpolitisch als auch ökologisch unsinnig. Produkte aus dem Ausland zu beziehen, obwohl dabei zusätzliche Transportkosten anfallen und damit auch mehr CO_2-Emissionen, kann nur dann kostengünstig funktionieren, wenn die Arbeitsbedingungen und Lebensverhältnisse der produzierenden Angestellten schlechter sind als in Mitteleuropa.

Wenn wir in Europa zulassen, dass internationale Konzerne ihren Profit hier machen, aber ihre Gewinne in Steueroasen versteuern, dann ist das unfair gegenüber den kleinen heimischen Betrieben, die schon seit Generationen ihre Abgaben an den Staat zahlen. Wenn die Hersteller in Deutschland ihre Komponenten aus dem Ausland beziehen, dürfen wir uns nicht wundern, wenn das Ausland bestimmt, wann unsere technischen Produkte fertig werden. Und unsere Bauern können oft nicht einmal ihre Erzeugnisse zu den eigenen Produktionskosten verkaufen, weil die Konkurrenz aus dem Ausland durch Subventionen billiger ist.

Wenn wir so weiter machen, verkaufen wir die Zukunft unserer Kinder an die Großkonzerne aus aller Welt, so wie in Joels Vision „die Söhne Jerusalems den Söhnen der Griechen verkauft" wurden. Am Tag des Gerichts wird sich unsere Generation dafür verantworten müssen.

„Siehe, ich will sie erwecken von dem Ort, wohin ihr sie verkauft habt, und will euer Tun auf euren Kopf zurückbringen." (Joel 4,7)

Das Wort „erwecken" übersetzt die Elberfelder Bibel auch mit „in Bewegung bringen". Die Generation, die zugelassen hat, dass „ihre Söhne verkauft" wurden, ihr Land zum Bordell Europas gemacht wurde (Joel 4,3) und die Polizei vor „Tyrus und Sidon" kapitulieren musste, ließ sich nicht in Bewegung bringen. Jahwe, der gnädige

Gott, wird diese Fehler ausgleichen. Die „verkauften" Kinder wird er „erwecken". Vielleicht wird er ihren Glauben wecken, so dass sie unter denjenigen sind, die entrückt werden.

Auf jeden Fall folgt dem schändlichen, gottlosen Verhalten der Verantwortlichen eine Strafe am „Tag Jahwes". Wohl denen, die die Zukunft ihrer Kinder nicht verkauft haben.

„Und ich werde eure Söhne und eure Töchter in die Hand der Söhne Juda verkaufen; und die werden sie an die Sabäer verkaufen, an eine ferne Nation. Denn der HERR hat geredet." (Joel 4,8)

Die Menschenhändler aus aller Welt, die davon profitieren, dass sich in der Mitte des christlichen Abendlandes die Gesetzeslücken bestens ausnutzen lassen, werden nach der Entrückung der Gläubigen, die Früchte ihrer Missetaten zu spüren bekommen. Wenn die Opfer der menschlichen Gier nicht mehr auf der Erde weilen, dann bleiben nur noch Täter übrig. Die gegenseitige Ausbeutung wird auf ihren Höhepunkt zusteuern. Der Mensch wird des Menschen ärgster Feind werden. Wer im eigenen Leben nur Unrecht erfahren hat und keine Liebe, der gibt an seine Kinder auch nur Unrecht und keine Liebe weiter. So wird der symbolische „Juda", dessen eigene Söhne in Vers 6 verkauft wurden, selbst zum Täter, der versklavte Männer und Frauen an „ferne Nationen" verkauft. Ohne die Gläubigen, die entrückt wurden, erreicht die menschliche Moral einen Tiefpunkt. Auch wenn sich die Menschheit diese Grausamkeiten selbst zufügt, so ist es doch ein Gerichtsspruch Gottes. Er hat das Urteil gefällt, dass die ungläubige Menschheit sich selbst überlassen bleibt. Eine grausame Strafe.

20. Pflugscharen zu Schwertern

9 **Ruft dies unter den Nationen aus, heiligt einen Krieg, erweckt die Helden! Herankommen und heraufziehen sollen alle Kriegsleute!**

10 **Schmiedet eure Pflugscharen zu Schwertern und eure Winzermesser zu Lanzen! Der Schwache sage: Ich bin ein Held!**

11 **Eilt und kommt her, all ihr Nationen ringsumher, und versammelt euch! Dahin, HERR, sende deine Helden hinab!**

12 **Die Nationen sollen sich aufmachen und hinaufziehen ins Tal Joschafat! Denn dort werde ich sitzen, um alle Nationen ringsumher zu richten.**

13 **Legt die Sichel an! Denn die Ernte ist reif. Kommt, stampft! Denn die Kelter ist voll, die Kelterkufen fließen über. Denn groß ist ihre Bosheit.**

14 Scharen ⟨über⟩ Scharen im Tal der Entscheidung; denn nahe ist der Tag des HERRN im Tal der Entscheidung.

15 Die Sonne und der Mond verfinstern sich, und die Sterne verlieren ihren Glanz.

16 Und der HERR brüllt aus Zion und lässt aus Jerusalem seine Stimme erschallen, und Himmel und Erde erbeben. Und der HERR ist eine Zuflucht für sein Volk und eine Bergfestung für die Söhne Israel.

(Joel 4,9-16)

Den Satzteil „heiligt einen Krieg" übersetzt die Elberfelder Bibel auch mit: „rüstet euch zum heiligen Krieg". Aber der Krieg, der daraufhin kommen wird, wird keinen Sieger haben. Er wird das Gericht sein, über den Teil der Menschheit, der von Joel 2,15 nichts wissen wollte, der freudig dem Aufruf zum heiligen Krieg folgt, auch wenn er sonst Gott verleugnet. Die Menschen, die ihren Mitmenschen zum größten Feind geworden sind, machen sich bereit, sich gegenseitig abzuschlachten.

In Bezug auf die Helden kann das Wort „erweckt" auch mit „bringt sie in Bewegung" übertragen werden. Wie macht man aus einem Normalbürger einen Helden, der sich im Krieg opfert? Meist wird dafür geschickte Propaganda eingesetzt. In der Zeit nach der Entrückung der Gläubigen, ist die Menschheit zum ersten Mal wirklich von Gott verlassen. Sie hat sich durch ihre Bosheit und Gottlosigkeit Gott zum Feind gemacht.

Die Menschheit möchte Krieg: Gott ruft zum Krieg auf. Die Völker möchten, dass die Menschen einen „Heldentod" auf dem Schlachtfeld sterben: Gott ruft dazu auf, „Helden zu erwecken". Die kriegslüsternen Nationen und Bündnisse möchten ihre Armeen mobilisieren: Gott ruft dazu auf, dass „alle Kriegsleute heraufziehen sollen". Jahwe spielt das Spiel der verdorbenen Menschheit mit, denn sie wird sich mit ihrer Kriegstreiberei selbst richten.

„Schmiedet eure Pflugscharen zu Schwertern und eure Winzermesser zu Lanzen! Der Schwache sage: Ich bin ein Held!" (Joel 4,10)

Hier glaubt man als Leser beinahe, einen Druckfehler vor sich zu haben. Nahezu jeder hat schon mal die Worte „Schwerter zu Pflugscharen" gehört. Das Zitat aus Micha 4 ist inzwischen zum geflügelten Wort geworden: „Und er wird richten zwischen vielen Völkern und Recht sprechen für mächtige Nationen bis in die Ferne. Dann werden sie ihre Schwerter zu Pflugscharen umschmieden und ihre Speere zu Winzermessern. Nicht ⟨mehr⟩ wird Nation gegen Nation das Schwert erheben, und sie werden das Kriegführen nicht mehr lernen. (Micha 4,3-4)"

Fast wortgleich findet man den biblischen Text auch in Jesaja 2,4. Auf das gesamte Joelbuch bezogen, bedeutet der Micha/Jesaja-Text, dass nach dem „Tag des HERRN" keine Kriegswaffen mehr nötig sind, da auf der neuen Erde (Offb 21,1 / Jes 65,17 / 2Petr 3,13) nur noch die Menschen existieren, die fähig sind die Schöpfung und ihre Mitmenschen als Geschenk Gottes zu lieben, so wie Gott es sich zur Zeit von Adam und Eva gedacht hat.

Aber während des Gerichts über den Teil der Menschheit, der nicht entrückt wurde, nutzt Gott die Kriegslüsternheit der verbliebenen Menschen, um sie zum Tal des Gerichts zu locken. „Schmiedet eure Pflugscharen zu Schwertern und eure Winzermesser zu Lanzen! Der Schwache sage: Ich bin ein Held!" Diesem Aufruf, das ganze Leben dem Krieg zu widmen, kann der verdorbene Menschenrest nicht widerstehen. Ein gläubiger Mensch würde Gottes Sarkasmus in diesen Worten spüren. Er würde den absurden Widerspruch zu Micha 4 und Jesaja 2 erkennen. Aber wenn die Generation, die die Erde unbewohnbar macht, diese Aufforderung zum Krieg hört, dann folgt sie willig.

Parallelen zur „Zeit der Trübsal", die die Politiker mit den Worten „Wir sind heute in einer anderen Welt aufgewacht" und „Nun ist das Unfassbare geschehen" eingeläutet haben, sind nicht zu übersehen. Deutschland, das seit dem Zweiten Weltkrieg keine Waffen in Krisengebiete lieferte, hat seine Prinzipien in dieser Beziehung grundlegend geändert. In den 90er-Jahren sah Deutschland[112] trotz der über 200.000 Toten in den Jugoslawienkriegen keinen Grund, seine „Schwerter-zu-Pflugscharen-Politik" zu ändern. Aber dann im Jahr 2022 beschloss die Bundesregierung „Militärische Unterstützungsleistungen für die Ukraine", und lieferte von Ausrüstungsmaterial bis zu Panzern militärische Güter aus Beständen der Bundeswehr und durch Lieferungen der Industrie[113] um die Ukraine zu unterstützen.

Im 21. Jahrhundert kann selbst Deutschland dem Ruf „Pflugscharen zu Schwertern" nicht widerstehen. Dass sich Deutschland damit in die Gesellschaft von „dem aus dem Norden" (Joel 2,20) begibt, will niemand erkennen.

Der Welt scheint jede Möglichkeit zum martialischen Kräftemessen nutzen zu wollen. Jede Großmacht präsentiert ihre militärische Potenz auf eigene Weise mit Bündniserweiterungen, Flottenaufmärschen, Annexionen, Drohungen und Embargos. Dabei setzen alle zunächst auf die Wirkung von Propaganda in allen Medien, um den zweifelnden Teil der Bevölkerung glauben zu lassen: „Ich bin ein Held".

Die Menschheit möchte „Pflugscharen zu Schwertern" machen, Gott ruft sie dazu auf, um sie ins symbolische Tal Joschafat zu führen. Die Menschheit treibt ihre Bevölkerung mit Propaganda in den alles vernichtenden Krieg: Gott kommt dem Willen der Mehrheit nach und meint: „Der Schwache sage: Ich bin ein Held!"

Das Schlimmste, was den Menschen passieren kann, ist ein Gott, der dem Willen der Menschen nachkommt, denn dann richten sie sich selbst.

„Eilt und kommt her, all ihr Nationen ringsumher,
und versammelt euch! Dahin, HERR, sende deine Helden
hinab!" (Joel 4,11)

Vers 11 ist die Fortführung von Vers 10 „Der Schwache
sage: Ich bin ein Held!". Sinngemäß müsste Vers 11 anfangen mit den Worten: „Der Schwache sage: ...!" Also sagt
eine Nation, die sich mit Korruption in den eigenen Reihen
derart geschwächt hat, dass befreundete Länder sie mit Milliardensummen in den vergangenen Jahrzehnten unterstützt
hat: „Eilt und kommt her, all ihr Nationen ringsumher, und
versammelt euch!" Es ist also der Schwächling, der die
Starken um sich herum aufhetzt, Krieg zu führen. Eigentlich
gehört er keinem der militärischen Bündnisse an. Aber er ist
der falsche Prophet, dessen Propaganda über alle Medien
auf so fruchtbaren Boden fällt. Überall wird der Schwache
in Videokonferenzen dazu geschaltet. Er verkündigt die unterschwellige Botschaft: „Ich bin ein Held!"

Der „Schwache" meint, Gott sei nicht existent. Er hat
die Religion seiner Vorfahren bereits hinter sich gelassen.
Voller Ironie lästert er Gott: „HERR, sende deine Helden
hinab!" Er glaubt, es sogar mit Gottes Helden aufnehmen
zu können. Dass er sein Volk aber nur ins Tal Joschafat
führt und dass es dort gerichtet wird, so wie der Rest der
Welt, das möchte er nicht sehen.

Die „Nationen ringsumher" folgen dem falschen Propheten willig, denn sie glauben ja „in einer anderen Welt
aufgewacht" zu sein.

„Die Nationen sollen sich aufmachen und hinaufziehen ins Tal Joschafat! Denn dort werde ich sitzen, um alle Nationen ringsumher zu richten."

(Joel 4,12)

Jetzt spricht wieder Gott selbst und nicht mehr der „Schwache", der in Vers 10 erwähnt wurde. Das Wort „ich", aus diesem Vers, lässt erkennen, dass Gott hier zu Joel spricht, der seine Botschaft aufschreiben soll.

Die Nationen, die „Pflugscharen zu Schwertern" machen, werden in das symbolische Tal Joschafat strömen, mit der Absicht ihre Gegner zu vernichten. Aber dort wartet schon Jahwe, der allmächtige Gott, um alle zu vernichten. Er wird Gericht halten und sein Urteil wird sein, dass die Menschheit, die auf Gott verzichten möchte, auch auf Gott verzichten muss. So als würde die Menschheit sagen: „Wir wollen auf die Sonne verzichten", so will sie von Jahwe nichts wissen. In Joel 2,10 hat der Prophet angekündigt: „Sonne und Mond verfinstern sich." Die Menschheit glaubt, sie bräuchte weder Gott noch die Sonne. Gott bleibt den Menschen fern und überlässt sie sich selbst. Das muss in einer Katastrophe enden, so als würde sich die Sonne verfinstern.

In ihrer maßlosen Selbstüberschätzung ziehen die kriegstreiberischen Nationen dorthin, wo sie sich selbst gegenseitig richten. Eine dekadente und gottlose Welt. Denn die gottesfürchtigen Menschen wurden bereits von Jesus auf die neue Erde entrückt.

„Legt die Sichel an! Denn die Ernte ist reif. Kommt, stampft! Denn die Kelter ist voll, die Kelterkufen fließen über. Denn groß ist ihre Bosheit." (Joel 3,13)

Die Ernte ist reif. Wenn die Ernte reif ist, dann kann man sie nicht mehr in den unreifen Zustand zurückversetzen. „Wer Wind sät, wird Sturm ernten", gibt die „Hoffnung für alle" den Vers Hosea 8,7 wieder. Die Menschheit hat Gewalt gesät und erntet am Tag des Gerichts die Vernichtung.

Die Armeen der verfeindeten Nationen stehen sich gegenseitig gegenüber, um den jeweiligen Gegner bluten zu lassen. Niemand ist mehr da, der mit den Worten von Jesus die Botschaft der Bergpredigt verkündet: „Selig sind die Sanftmütigen; denn sie werden das Erdreich besitzen. Selig sind, die da hungert und dürstet nach der Gerechtigkeit; denn sie sollen satt werden. Selig sind die Barmherzigen; denn sie werden Barmherzigkeit erlangen. Selig sind, die reinen Herzens sind; denn sie werden Gott schauen. Selig sind, die Frieden stiften; denn sie werden Gottes Kinder heißen. Selig sind, die um der Gerechtigkeit willen verfolgt werden; denn ihrer ist das Himmelreich." (Mt 5,5-10 Lutherübersetzung 2017)

Das Blut der Menschheit wird fließen wie der Most in der Kelter. Und durch die Bosheit der Menschen fließt so viel Blut, dass die symbolischen „Kelterkufen" überfließen. Gott hatte durch Jesus gesagt, wer das Erdreich (die neue Erde) besitzen soll: Die Sanftmütigen, nicht die

Kriegstreiber. Und Barmherzigkeit werden am Weltenende nur die Barmherzigen erlangen, nicht die Blutrünstigen. Und diejenigen, die Frieden stiften, werden „Gottes Kinder" heißen, aber sie werden entrückt und zurück bleiben nur die Kriegstreiber.

Die Propaganda der Staatenlenker hat vollen Erfolg. Die Menschheit stürzt sich in die Schlacht, weil sich jeder siegessicher glaubt. Aber der einzige Sieger wird Gott sein, denn die Gottlosen werden sich gegenseitig vernichten.

„Scharen ⟨über⟩ Scharen im Tal der Entscheidung; denn nahe ist der Tag des HERRN im Tal der Entscheidung." (Joel 4,14)

Mit jeder Armee, die vernichtet wurde, schickt die Menschheit eine neue Armee in die Schlacht und gibt sich damit der eigenen Vernichtung preis. Durch Bündnisse und Koalitionen sind letztlich alle Nationen der Welt gezwungen, an dem alles vernichtenden Krieg teilzunehmen. Dass es in einem solchen dritten Weltkrieg keinen Sieger geben wird, wäre eigentlich vorauszusehen gewesen, aber die Kriegslust der Staatsoberhäupter war stärker als jede Rationalität. Die Entscheidung, dass es nur Verlierer geben wird, war schon vor der Schlacht gefallen. Wenn die Menschheit von Gott verlangt, dass er sich nicht einmischt, dann hat sie damit ihr Ende beschlossen. Das „Tal der Entscheidung" ist das Tal, in dem die Entscheidung der Menschheit, sich selbst zu vernichten, umgesetzt wird.

Wenn in diesem Vers, während der selbstmörderischen Entscheidungsschlacht der Menschheit, davon geschrieben wird, dass „der Tag des HERRN nahe ist", dann zeigt das, dass Gott den allerletzten Menschen, die sich doch noch für den Glauben an den dreieinigen Gott entscheiden, die Chance gibt, als Gläubige zu sterben und nach ihrem Tod bei Jesus sein zu können. Der „Tag Jahwes" ist für jene, die sich in allerletzter Minute bekehren, noch nicht vorbei, aber für die Gottesleugner ist er der Tag des Gerichts.

„Die Sonne und der Mond verfinstern sich, und die Sterne verlieren ihren Glanz." (Joel 4,15)

Die Menschheit glaubte sich allmächtig. Sie glaubte, niemand brauche einen Gott. Sie wollte das Böse ausrotten, indem sie das jeweils andere Volk ausrottete. Sie hatte in ihrem Größenwahn jeden Respekt vor der Schöpfung verloren. Sie glaubte, sie könne auf den Gott verzichten, der das Universum mit Sonne, Mond und Sternen gemacht hat.

Aber wenn sich die Menschheit am „Tag des HERRN" selbst von der „alten Erde" vertilgt hat, wenn es nur noch Leichen auf den Schlachtfeldern im „Tal Joschafat" gibt, wenn auch die gesamte Zivilbevölkerung in ihrer Kriegsbegeisterung den feindlichen Atombomben zum Opfer gefallen ist, dann werden für beinahe ewige Zeiten dicke Wolkenschichten die Erde bedecken, so dass auch das Licht von Sonne, Mond und Sternen nicht mehr durchdringt.

Die Natur wird irgendwann nach mehreren hunderttausend Jahren wieder einen Weg gefunden haben, sich neu zu entfalten, aber die Spezies Mensch wird auf diesem Planeten nichts mehr zu suchen haben. Der Teil der Menschheit, der sich durch Glauben und schöpfungsgemäßes Leben als würdig erwiesen hat, eine „neue Erde" zu bevölkern (Offb 21,1), wird von der „alten Erde" nur noch böse Erinnerung haben, die früher oder später verblasst sind.

Das 1. Buch Mose berichtet, dass Gott am ersten Tag der Schöpfung sprach: „Es werde Licht!" Damit hatte er die Voraussetzungen für eine wundervolle Welt geschaffen. Nur wenige Menschen haben in den letzten 12.000 Jahren begriffen, welches wunderbare Geschenk Gott damit gemacht hat. Mit Glaube, Hoffnung und Liebe hätte die Menschheit diesen Planeten noch viele tausend Jahre bevölkern können. Aber der Teil der Menschen, der keines dieser drei grundlegenden Dinge besitzt, hat sich durchgesetzt und den eigenen Untergang vollzogen.

„Und der HERR brüllt aus Zion und lässt aus Jerusalem seine Stimme erschallen, und Himmel und Erde erbeben. Und der HERR ist eine Zuflucht für sein Volk und eine Bergfestung für die Söhne Israel." (Joel 4,16)

Jahwe lässt es nicht kalt, dass sich die Menschheit der alten Erde lieber selbst vernichtet hat, anstatt sich dem Schöpfergott zuzuwenden. „Jahwe brüllt aus Zion." Wieder steht hier „Zion" für den Wohnsitz Gottes, der seit der Erlösungstat Jesu am Kreuz „das Herz der Menschen" ist (Eph 3,17). Der Schmerz Gottes über die Selbstzerstörung des größten Teils der Menschheit, wird in den Herzen der entrückten Gläubigen spürbar sein, wie ein brüllender Schrei. Und die geretteten Menschen werden auf der „neuen Erde" in einem „Neuen Jerusalem" leben (Offb 21,1-2).

Gottes Trauer über die fehlende Liebe des verblendeten Teils der menschlichen Population, die jetzt nur noch aus Leichenbergen besteht, lässt Himmel und Erde erbeben. Auf der alten Erde bekommen es die Toten im Dunkeln unter der dichten Wolkendecke des atomaren Winters nicht mehr mit. Das kurze Kapitel Homo sapiens, das mit seinen etwa 300.000 Jahren vergleichsweise unbedeutend ist, wenn man die 3,5 Milliarden Jahre dagegen hält, in der es durch Gottes Schöpfungsakt bereits Leben auf diesem Planeten gibt, ist abgeschlossen. Die alte Erde hat den Menschen nie gebraucht und wird ihn auch niemals brauchen. Die alte Erde trauert nicht um den Menschen. Aber Gott trauert.

Jahwe ist einerseits eine „Zuflucht für sein Volk", das an den dreieinigen Gott glaubt, und andererseits auch „eine Bergfestung für die Söhne Israel," die Jesus als den Messias anerkennen. Von der Entrückung der Christen wurde in diesem Buch schon in den vergangenen Kapiteln berichtet. Bei der Rettung der Menschen vor dem „Tag Jahwes" berücksichtigt Gott auch die gläubigen Juden, die zwar die Dreieinigkeit nicht verstehen können, aber in Jesus Christus den Messias erkennen. Das biblische Buch der Offenbarung erwähnt deren Versiegelung, die sie vor dem Tag des Gerichts bewahrt. „Und ich hörte die Zahl der Versiegelten: 144.000 Versiegelte, aus jedem Stamm der Söhne Israel." (Off 7,4)

21. Die neue Erde

17 Und ihr werdet erkennen, dass ich, der HERR, euer Gott bin, der auf Zion wohnt, meinem heiligen Berg. Und Jerusalem wird heilig sein, und Fremde werden es nicht mehr durchziehen.

18 Und es wird geschehen an jenem Tag, da werden die Berge triefen von Most und die Hügel überfließen von Milch, und alle Bäche Judas werden strömen ⟨, voll⟩ von Wasser. Und eine Quelle wird aus dem Haus des HERRN hervorbrechen und das Tal Schittim bewässern.

19 Ägypten wird zur Öde und Edom zu einer öden Wüste werden wegen der Gewalttat an den Söhnen Juda, weil sie in ihrem Land unschuldiges Blut vergossen haben.

20 Aber Juda soll ewig bewohnt werden und Jerusalem von Generation zu Generation.

21 Und ich werde ihr Blut ungestraft lassen, das ich ⟨ bisher ⟩ nicht ungestraft ließ. Und der HERR wohnt in Zion. (Joel 4,17-21)

In Vers 17 redet Gott wieder direkt zum Leser der Joel-Verse: „Ihr werdet erkennen, dass ich, Jahwe, euer Gott bin." Jahwe will, dass so viele Menschen wie möglich in der Zeit vor dem „Tag des HERRN" entrückt werden. Gläubige werden es sein, die erkannt haben, wie überlebenswichtig es ist, wie in Joel 2,15 erwähnt, dass die Menschen eine lebendige Beziehung zu Gott haben und ihn in ihren Herzen (dem symbolischen Zion) wohnen lassen.

Gott spricht direkt den Leser an, denn jeder Mensch muss eine persönliche Entscheidung für seinen Glauben treffen. Der Glaube der Eltern ist unwichtig, wenn man nicht selbst glaubt. Das jüdische System, dass man Jude ist, weil die Mutter Jüdin ist, bewirkt bei Gott überhaupt nichts, wenn man Gott nicht in seinem Herzen wohnen lässt. Johannes der Täufer bringt es in Mt 3,9 auf den Punkt: „Bildet euch nur nicht ein, ihr könntet euch damit herausreden: ›Abraham ist unser Vater!‹ Ich sage euch: Gott kann selbst aus diesen Steinen hier Nachkommen für Abraham hervorbringen. (Hfa)"

Gott macht allen Menschen das Angebot, dass sie in einem neuen Jerusalem in Sicherheit sein können, während der Rest der Welt sich am „Tag des HERRN" selbst richtet. Das neue „Jerusalem wird heilig sein", kündigt er an. Es wird abgesondert sein von der alten Erde, die nur noch von Leichenbergen bedeckt ist. Niemand wird sich im neuen Jerusalem fremd fühlen, denn alle verbindet der lebendige Gott in ihren Herzen.

> *„Und es wird geschehen an jenem Tag, da werden die Berge triefen von Most und die Hügel überfließen von Milch, und alle Bäche Judas werden strömen ⟨, voll⟩ von Wasser. Und eine Quelle wird aus dem Haus des HERRN hervorbrechen und das Tal Schittim bewässern."*
>
> *(Joel 4,18)*

Jerusalem war in vorchristlicher Zeit die Hauptstadt des ihn umgebenden judäischen Gebietes. So kann man die „neue Erde" um das „neue Jerusalem" als die symbolischen „Berge, Hügel und Bäche Judas" sehen, die überfließen vor „Most, Milch und Wasser". In der neuen Welt wird die Schöpfung wieder in einen Zustand zurückversetzt sein, der dem Garten Eden zur Zeit Adams gleicht. Wenn Gott in 1Mo 1,29 gesagt hat: „Siehe, ⟨hiermit⟩ gebe ich euch alles Samen tragende Kraut, das auf der Fläche der ganzen Erde ist, und jeden Baum, an dem Samen tragende Baumfrucht ist: Es soll euch zur Nahrung dienen", dann wird der gerettete Teil der menschlichen Bevölkerung das als Geschenk nehmen und nicht als Verzicht.

Das „Tal Schittim" ist wahrscheinlich ebenso ein symbolischer Name wie das „Tal Joschafat". Beide Orte sind nicht eindeutig geografisch auszumachen. „Schittim" bedeutet „Akazien". Leider benötigen Akazien viel Wasser[114] was in der heutigen Zeit ein Problem darstellt. Aber auf Gottes neuer Erde wird (im Gegensatz zur menschengemachten Klimakatastrophe im 21. Jahrhundert) auch für Pflanzen, die viel Wasser brauchen, genug zur Verfügung stehen.

„Ägypten wird zur Öde und Edom zu einer öden Wüste werden wegen der Gewalttat an den Söhnen Juda, weil sie in ihrem Land unschuldiges Blut vergossen haben." (Joel 4,19)

Ein letzter Gedanke Gottes an die alte Erde. Alles ist zur öden Wüste geworden, weil niemand auf die warnenden Worte aus der Bibel hören wollte. Jahrhundertelang wurde unschuldiges Blut vergossen, Tiere gequält und als Nahrungsmittel gezüchtet. Die Schöpfung wurde derart intensiv ausgebeutet, dass sie für den Menschen unbewohnbar wurde. Und in einem letzten Krieg hat sich die Menschheit selbst ausgerottet.

So wie die „Söhne Juda" im Laufe der Jahrhunderte und Jahrtausende stetig Angriffen von Feinden ausgesetzt waren, so ist die Menschheit im Laufe der Jahrhunderte und Jahrtausende zum größten Feind der Schöpfung geworden. Das Blut, das an den Händen der Menschen klebt, die seit dem Sündenfall, der Sesshaftwerdung der Menschen vor 12.000 Jahren, durch Besitzstreben und Versklavung von Mensch und Tier, die Schöpfungsordnung durcheinandergebracht haben, hat Gott keine andere Wahl gelassen, als mit den vergleichsweise wenigen Gläubigen einen Neuanfang zu beginnen.

„Aber Juda soll ewig bewohnt werden und Jerusalem von Generation zu Generation." (Joel 4,20)

Das neue Jerusalem soll ewig, über Generationen hinweg, von Menschen bewohnt werden, kündigt Gott an. Aber mit dem Begriff „ewig" ist keine Zeitlosigkeit gemeint, sondern es wird die Kontinuität, Dauerhaftigkeit und Beständigkeit betont.[115]

Was hätte aus der Menschheit der alten Erde werden können, wenn nicht mit dem Besitzdenken die wahre Bestimmung der menschlichen Existenz pervertiert worden wäre? Was hätte aus einer Gesellschaft werden können, die nicht durch Verstädterung und Domestizierung der Tierwelt den Seuchen die Möglichkeit gab, zu einer Pandemie zu werden?

Seit 12.000 Jahren fördert das Zusammenleben mit Haus- und Nutztieren die Verbreitung von Zoonosen (Infektionskrankheiten, die zwischen Mensch und anderen Wirbeltieren übertragen werden) und parasitären Krankheiten. Krankheiten wie Masern, Pocken, Milzbrand, Brucellose, Grippe oder Pest haben nachweislich ihre Ursprünge in der Tierwelt.[116] Aber das sind nur die bekanntesten von Tieren übertragenen Krankheiten der vergangenen Jahrtausende. In den letzten Jahren schafften es Zoonosen wie Corona, HIV, BSE, Ebola oder Vogelgrippe in die Schlagzeilen.[117]

Die Menschheit kann nur kontinuierlich, dauerhaft und beständig weiterleben („von Generation zu Generation", wie es Joel 4,20 beschreibt), wenn sie nicht Tiere als Nahrungsmittel und Lebensgefährten nutzt. Das wurde, neben der vielen anderen Verfehlungen, der Menschheit zum Verhängnis. Die neue Menschheit im neuen Jerusalem hat die Chance annähernd „ewig" zu existieren, denn sie vergießt nicht mehr das Blut der Tiere.

Jesus hatte die Tieropfer des Alten Testaments überflüssig gemacht, durch seinen Opfertod am Kreuz. Aber die Nutztierhaltung war und ist, trotz der existenzbedrohenden Gefahr, für die Menschheit doch zu bequem. Die Industrialisierung der Fleischerzeugung hat das Übel leider auf die Spitze getrieben. Am Ende der 3½ Jahre der Trübsal wird sich bei der Entrückung zeigen, wer in das neue Jerusalem kommt.

„Und ich werde ihr Blut ungestraft lassen, das ich ⟨bisher⟩ nicht ungestraft ließ. Und der HERR wohnt in Zion." (Joel 4,21)

Gott hat in der Geschichte der Menschheit vieles ungestraft gelassen, das eigentlich hätte bestraft werden müssen. In der Bibel wird immer wieder berichtet, dass

Gott gnädig war. Als Christen wissen wir, dass wir uns zwar vor weltlichen Gerichten für unsere Verfehlungen verantworten müssen, aber vor Gott nur für „Sünden wider den Heiligen Geist". Jesus hat das in Mt 12,31-32 beschrieben: „Deshalb sage ich euch: Jede Sünde und Lästerung wird den Menschen vergeben werden; aber die Lästerung des Geistes wird nicht vergeben werden. Und wenn jemand ein Wort reden wird gegen den Sohn des Menschen, dem wird vergeben werden; wenn aber jemand gegen den Heiligen Geist reden wird, dem wird nicht vergeben werden, weder in diesem Zeitalter noch in dem zukünftigen."

Eine „Sünde wider den Heiligen Geist" wäre etwas, das völlig gegen Gott, seine Schöpfung und gegen die Gemeinschaft der Gläubigen gerichtet ist. Diese Sünde wird zum Untergang dieser Welt führen. Deshalb vergibt Gott diesen Schuldigen auch nicht, sondern entrückt nur die Gläubigen, die er für die „neue Erde" vorgesehen hat. Alle anderen werden sich am „Tag des HERRN" selbst richten.

Die Entrückten im neuen Jerusalem werden nicht fürchten müssen, dass Gott sie für alte Verfehlungen zur Rechenschaft zieht. Gesetze der Menschen oder moralische Maßstäbe von Gesellschaften spielen in diesem Zusammenhang keine Rolle. Wer Glaube, Liebe und Hoffnung hat, der hat Gott im Herzen. Wer so lebt, wie es Gott an den Schöpfungstagen vorgesehen hat, der betreibt ein Fasten, das dem eigenen Wohl und dem Wohl der

Schöpfung dient. Wer die Gemeinschaft von Glaubensgeschwistern sucht, dessen Sünden werden nicht dem Heiligen Geist zuwider sein. Gott wird „ihr Blut ungestraft lassen".

Das Buch Joel endet mit den Worten: „Und der HERR wohnt in Zion." Schon mehrmals wurde erwähnt, dass Zion die Wohnstätte Gottes symbolisiert und Gott in unseren Herzen wohnen will.

Wenn wir Gott in unseren Herzen wohnen lassen, dann wird unser Herz voll Liebe sein. Bereits bei Joel 2,18 wurde deutlich, dass Gottes Eifer pure Liebe ist, dass Gott selbst Liebe ist. In 1Jo 4,16 wird bestätigt: „Gott ist die Liebe." Damit haben wir die unvergängliche und größte Macht im Universum in unseren Herzen. Die Macht, die uns vor dem Gericht am „Tag des HERRN" bewahren wird.

22. Was bedeutet das für uns und diese Welt?

Angesichts dessen, dass die Menschheit gerade aktiv darauf hinarbeitet, sich selbst zu vernichten, könnte man vor Angst in Schockstarre verfallen. Aber das Buch Joel bietet eine andere Perspektive.

Zum einen zeigt es auf, wo die Fehler liegen, die zu dem fatalen Zustand geführt haben, der in der Selbstvernichtung des Menschen enden wird: Heuschrecken-Kapitalismus, Umweltzerstörung, Kriegslüsternheit, Missbrauch der technischen Errungenschaften, Tierleid und Ressourcenverschwendung durch Fleischkonsum, Leugnung der biblischen Botschaften. Das alles sind Verfehlungen, die die Menschheit bis an den Rande des Abgrunds geführt haben.

Aber trotz der Zeichen der Zeit, die auf das Gericht Gottes hinweisen, lässt Jahwe verkünden: „Wer weiß, ⟨vielleicht⟩ wird er umkehren und es sich gereuen lassen und Segen hinter sich zurücklassen: Speisopfer und Trankopfer für den HERRN, euren Gott! Blast das Horn auf Zion, heiligt ein Fasten, ruft einen Feiertag aus! Versammelt das Volk, heiligt eine Versammlung." (Joel 2,14-16a)

Diese Verse verdeutlichen, dass das bevorstehende Gericht noch abgewendet werden kann, wenn die Menschen Joel 2,15 ernst nehmen und auch danach leben. Die Umsetzung des Textes ins tägliche Leben wurde schon mehrmals erläutert.

Wenn die Bewohner dieses Planeten die Schöpfung und ihre Mitmenschen nicht mehr als Besitz ansehen, sondern als eine Leihgabe Gottes, die man ohne Schaden an die nächste Generation weitergeben sollte, dann besteht zumindest die Chance, dass „Gott es sich gereuen lassen und Segen hinter sich zurücklassen" wird.

Der Menschheit bleibt nicht mehr viel Zeit, einen radikalen Wechsel der Lebenseinstellung zu vollziehen. Vieles deutet darauf hin, dass die angekündigte „Zeit der

Trübsal" bereits begonnen hat. Aber noch immer haben die Menschen die Wahl, Gott zu zeigen, dass sie sein Eingreifen wünschen.

Eine weitere tröstliche Perspektive zeigt das Joelbuch darin, dass es den Gläubigen möglich ist, dem „Tag des Gerichts" zu entgehen. Selbst wenn die gesamte Menschheit den „Tag Jahwes" provoziert, so werden doch diejenigen, bei denen Joel 2,15 in ihrem Leben erkennbar ist vorher entrückt werden, um auf einer „neuen Erde" (Offb 21,1) ein Leben im Paradies führen zu können. Die Entscheidung, die Botschaft des Joelbuches und der ganzen Bibel ernst zu nehmen, liegt bei jedem Einzelnen, so wie die Entscheidung Christ zu werden, nicht von Eltern oder Freunden getroffen werden kann. Nur der Gläubige selbst kann sein Leben Jesus übergeben.

So schrecklich das Schicksal der Menschheit auch ist, als gläubiger Mensch, der schöpfungsgemäß lebt und sich auch so ernährt, braucht man sich vor dem „Tag des HERRN" nicht zu fürchten. Das Leben im Geist Gottes ist nicht kompliziert oder technologiefeindlich oder übertrieben moralisch. Gott hatte für Adam und Eva weder komplizierte Lebensregeln noch einen engen Moralkatalog. Aber er hatte ihnen gezeigt, wie sie leben sollten: Ohne Feigenblatt, das war erst nach dem „Sündenfall" notwendig. Moralische Regeln brauchte man erst, nachdem man durch das Zusam-

menleben mit Tieren auch deren Krankheiten ein-
schleppte.

Das Leben nach Gottes Plan ist also nicht schwierig,
aber es basiert auf dem Glauben an Jesus Christus und
lässt sich an Joel 2,15 erkennen. So verliert der „Tag des
HERRN" für die Gläubigen seinen Schrecken, denn sie
werden vorher zum dreieinigen Gott entrückt.

Die dritte Perspektive, die uns das Joelbuch zeigt, ist
die Verantwortung, die wir nicht nur Gott und der Schöpfung gegenüber haben, sondern auch unseren Mitmenschen gegenüber.

Wenn uns alle Zeichen der Zeit erkennen lassen, dass
der „Tag des HERRN" bevorsteht, dann sollte es uns ein
Anliegen sein, so viele Menschen wie möglich davon zu
überzeugen, dass nur ein gottgefälliges und schöpfungsgemäßes Leben eine Zukunft hat. Wenn wir die Menschen, die wir lieben, davon überzeugen, dann dürfen wir
sie auf Gottes „neuer Erde" wiedersehen. Wenn es gelän-
ge, sogar den größten Teil der Menschheit zu überzeugen, dann wird „Gott es sich gereuen lassen und er wird
Segen hinter sich zurücklassen".

Noch nie war es so wichtig, die Menschen zum lebendigen Glauben zu führen. Dabei ist es nebensächlich, zu
welcher Konfession man sich bekennt. Es ist auch zweit-
rangig, welche Rituale oder Gottesdienstformen prakti-
ziert werden. So sehr, wie sich die Menschen von Gottes
Natur entfernt haben, so sehr haben sie sich auch von

dem entfernt, was für eine Versammlung unter Christen wichtig ist. Das, was wir Abendmahl, Herrenmahl oder Eucharistie nennen, war im Ursprung echte Mahlgemeinschaft mit Jesus. Heute praktizieren die Christen meist nur symbolische Handlungen, und untereinander kennen sie sich oft nicht wirklich. Das hatte es bei Jesus mit seinen Jüngern nicht gegeben, denn in einer wahren Gemeinschaft kennt man sich.

Deshalb sollten wir, gerade in der Endzeit, Gemeinschaft mit anderen Christen in kleinen Gruppen haben, in denen man sich wahrhaftig kennt. Oft werden diese Gruppen „Hauskreise" genannt und sind Teil einer Kirchengemeinde oder Freikirche. Im Gegensatz zu Sonntagsgottesdiensten, in denen sich 100 Personen oder mehr treffen, begegnet man sich in Hauskreisen viel persönlicher und nimmt die Texte der Bibel viel intensiver wahr.

Solche Hauskreise können durch die persönlichen Beziehungen zu neuen Teilnehmern viel authentischer das Leben als Christ präsentieren, als durchchoreografierte Gottesdienste mit durchschaubar auf Mission ausgerichteten Predigten. Missionarische Predigten können zwar auch erfolgreich sein, aber der Glaube schlägt meist durch die Gemeinschaft mit anderen Christen Wurzeln, nicht durch fromme Vorträge.

Unsere Mitmenschen sollten uns so sehr am Herzen liegen, dass wir sie nicht dem „Tag des Gerichts" überlassen wollen. Die Zeichen der Zeit sollten uns Mut machen, von Jesus zu erzählen. Wir sollten mehr darauf vertrauen, dass die Worte der Bibel die Menschen direkt ins Herz treffen können, dass Berichte von Jesus keine frommen Legenden sind, sondern verkünden, was der Sinn des Lebens ist.

Mit diesem Mut, den wir uns von Jesus geben lassen, sollten wir noch viele Menschen davor bewahren können, am „Tag des HERRN" in die Hände einer kriegslüsternen Menschheit zu fallen.

Wer sich bisher noch nicht zu einem Leben mit Jesus Christus entschieden hat, der findet sicher im deutschsprachigen Raum eine christliche Gemeinde, die mit öffentlichen Verkehrsmitteln gut erreichbar ist. Zu den Vorteilen des Internets gehören die Möglichkeiten, sich online informieren zu können. Die großen Volkskirchen sind trotz des Mitgliederschwunds noch immer relativ präsent. Die christlichen Freikirchen können sich teilweise sogar, wegen des lebendigen Gemeindelebens, über steigende Mitgliederzahlen freuen. Wer christliche Gemeinschaft sucht, wird sie finden. Wichtig ist bei der Gemeindesuche, dass dort die Botschaft der Bibel verkündet wird und keine Sonderlehren der Bibel gleichgestellt werden. Um vor unbiblischen Lehren bewahrt zu bleiben, sollte man sein Wissen über Gottes Wort stetig ausbauen. Dazu empfiehlt sich natürlich tägliches Bibellesen, auch wenn es nur kleinste Abschnitte sind. Im Gebet wird Gott sich jedem Menschen, der ihn sucht, zeigen. Gerade in Zeiten wie diesen.

Mit dieser Aussicht auf eine Welt, die noch immer eine letzte Chance hat, gerettet zu werden, und auf die Entrückung, die uns selbst und unsere Lieben zu Jesus bringt, können wir uns vom Buch Joel inspirieren lassen unser Leben in Ordnung zu bringen.

Das Leben hat eine Zukunft, mit Gott im Herzen, einem Fasten, das schöpfungsgemäß ist und einer lebendigen Gemeinschaft mit anderen Christen.

23. Anmerkungen

[1] https://www.bibelwissenschaft.de/bibelkunde/altes-testament/prophetische-buecher/jesaja/ [abgerufen am 26.08.2022].

[2] https://www.schlachterbibel.de/de/bibel/jesaja/ [abgerufen am 16.06.2022].

[3] Angelika Berlejung, Grundinformation Altes Testament, 2010, Göttingen, 4. Auflage, Verlag: Vandenhoeck & Ruprecht, Herausgeber: Jan Christian Gertz (Geschichte und Religionsgeschichte des antiken Israel) Seite178

[4] Thomas Lobitz (08.11.2019): 1844 - eine Zahl schreibt Geschichte [online] https://advent-verlag.de/nachrichten/1844-eine-zahl-schreibt-geschichte-adventisten-heute-november-2019 [abgerufen am 17.06.2022].

[5] Prophet [online] https://www.wissen.de/lexikon/prophet [abgerufen am 17.06.2022].

[6] Simone Paganini (Jan. 2011): Mann (AT) [online] https://www.bibelwissenschaft.de/wibilex/das-bibellexikon/lexikon/sachwort/anzeigen/details/mann-at/ch/fd935c327027c39fe40204575715b1fa/ [abgerufen am 17.06.2022].

[7] Irmtraud Fischer (Januar 2008) Frauen in der Literatur (AT) [online] https://www.bibelwissenschaft.de/wibilex/das-bibellexikon/lexikon/sachwort/anzeigen/details/frauen-in-der-literatur-at/ch/a860851642f68f944fd11f6aff223f3b/ [abgerufen am 07.10.2022]

[8] Bernd Biberger (Mai 2009) Sohn / Tochter (AT) [online] https://www.bibelwissenschaft.de/wibilex/das-bibellexikon/lexikon/sachwort/anzeigen/details/sohn-tochter-at/ch/dc01faacd3746d377955739b0bc00fe5/ [abgerufen am 01.07.2022]

[9] epd (12.01.2018) Jeder Zweite besitzt eine Bibel, aber wenige lesen drin [online] https://www.evangelisch.de/inhalte/148201/12-01-2018/umfrage-jeder-zweite-besitzt-eine-bibel [abgerufen am 01.07.2022]

[10] Jahwe [online] https://www.wissen.de/lexikon/jahwe [abgerufen am 26.08.2022]

[11] Bob Becking (Mai 2006) Jahwe / JHWH [online] https://www.bibelwissenschaft.de/wibilex/das-bibellexikon/lexikon/sachwort/anzeigen/details/jahwe-jhwh/ch/3ac06e0cace6bde7d4f9823ac6a3225c/ [abgerufen am 01.07.2022]

[12] Naftali Herz Tur-Sinai (1954) Übersetzung des AT [online] https://www.obohu.cz/bible/index.php?k=Jl&kap=1&styl=NHTS [abgerufen am 19.12.2022].

[13] Kyrios (Christentum) [online] https://de.wikipedia.org/wiki/Kyrios_(Christentum) [abgerufen am 22.06.2022]

[14] Aaron Schart (Nov. 2007) Zwölfprophetenbuch [online] https://www.bibelwissenschaft.de/wibilex/das-bibellexikon/lexikon/sachwort/anzeigen/details/zwoelfprophetenbuch/ch/2b3256d17cf20c12e5948bea65b7c83e/#h0 [abgerufen am 01.07.2022]

[15] Carsten Ziegert, Siegfried Kreuzer (April 2012) Septuaginta (AT) [online] https://www.bibelwissenschaft.de/wibilex/das-bibellexikon/lexikon/sachwort/anzeigen/details/septuaginta-at/ch/d6ace28276e0a543c60d775fdee6058a/#h25 [abgerufen am 26.08.2022]

[16] «Septuaginta»-Bibel erstmals auf Deutsch übersetzt (02.02.2009) [online] https://www.livenet.ch/themen/glaube/bibel/142715-septuagintabibel_erstmals_auf_deutsch_uebersetzt.html [abgerufen am 01.07.2022]

[17] Septuaginta [online] https://de.wikipedia.org/wiki/Septuaginta [abgerufen am 20.06.2022].

[18] Erich Zenger, Einleitung in das Altes Testament, 2008, Stuttgart, 7. Auflage, Verlag: W. Kohlhammer GmbH, Herausgeber: Erich Zenger u. a. (Der dreiteilige Aufbau des Tanach) Seite 21

[19] Heinz-Josef Fabry, Einleitung in das Altes Testament, 2008, Stuttgart, 7. Auflage, Verlag: W. Kohlhammer GmbH, Herausgeber: Erich Zenger u. a. (Der Text und seine Geschichte) Seite 40

[20] Einleitung zur Bibelkunde des Alten Testaments [online] https://www.bibelwissenschaft.de/bibelkunde/altes-testament/ [abgerufen am 26.08.2022]

[21] King James Version [online] https://www.die-bibel.de/bibeln/online-bibeln/lesen/KJV/JOL.3/Joel-3 [abgerufen am 30.06.2022]

[22] Walter Dietrich (Jan. 2008) Gericht Gottes (AT) [online] https://www.bibelwissenschaft.de/wibilex/das-bibellexikon/lexikon/sachwort/anzeigen/details/gericht-gottes-at/ch/45b4a113776d4de8e3fb65bdd8ea46c8/#h2 [abgerufen am 01.07.2022]

[23] Konrad Schmid, Grundinformation Altes Testament, 2010, Göttingen, 4. Auflage, Verlag: Vandenhoeck & Ruprecht, Herausgeber: Jan Christian Gertz (Das Zwölfprophetenbuch) Seite 382

[24] Römisch-chinesische Beziehungen [online] https://de.wikipedia.org/wiki/R%C3%B6misch-chinesische_Beziehungen [abgerufen am 29.06.2022]

[25] Sechsbeiner mit Legestachel – Zur Biologie und Ökologie unserer heimischen Heuschrecken [online] https://www.nabu.de/tiere-und-pflanzen/insekten-und-spinnen/heuschrecken/01470.html [abegrufen am 27.08.2022]

[26] Heuschreckendebatte [online] https://de.wikipedia.org/wiki/Heuschreckendebatte [abgerufen am 07.09.2022]

[27] Reaktionen in Deutschland „Eklatanter Bruch des Völkerrechts" (24.02.2022) [online] https://www.tagesschau.de/inland/innenpolitik/reaktionen-deutschland-109.html [abgerufen am 01.09.2022]

[28] Lebenslauf Dr. Robert Habeck [online]
https://www.bundestag.de/webarchiv/Ausschuesse/aus
schuesse18/a16/standortauswahl/habeck-294782
[abgerufen am 27.08.2022]

[29] "Glory to Ukraine" to become official greeting of armed
forces (17.08.2018) [online]
https://www.ukrweekly.com/uwwp/glory-to-ukraine-to-
become-official-greeting-of-armed-forces/
[abgerufen am 03.09.2022]

[30] Ruhm der Ukraine [online]
https://de.wikipedia.org/wiki/Ruhm_der_Ukraine
[abgerufen am 07.09.2022]

[31] Holger Zschäpitz (24.08.2018) Putin sagt sich vom
Dollar-Diktat los [online]
https://www.welt.de/print/die_welt/finanzen/article18128
6582/Putin-sagt-sich-vom-Dollar-Diktat-los.html
[abgerufen am 01.09.2022]

[32] Was war am 24. August 2018 [online]
https://chroniknet.de/extra/was-war-am/?
ereignisdatum=24.8.2018 [abgerufen am 07.09.2022]

[33] Kristin Weingart (Nov. 2016) Volk (AT) [online]
https://www.bibelwissenschaft.de/wibilex/das-
bibellexikon/lexikon/sachwort/anzeigen/details/volk-
at/ch/81048765677a1fb5ecc52157ea8febf7/#h3
[abgerufen am 07.09.2022]

[34] Atommacht [online]
https://de.wikipedia.org/wiki/Atommacht
[abgerufen am 07.09.2022]

[35] Staaten mit den größten militärischen Streitkräften
nach Truppenstärke im Jahr 2022 [online]
https://de.statista.com/statistik/daten/studie/36470/
umfrage/die-groessten-armeen-weltweit-nach-aktiver-
truppenstaerke/ [abgerufen am 07.09.2022]

[36] Stephanie Probst (10.08.2020) Gut gebrüllt:
13 erstaunliche Fakten über Löwen [online]
https://blog.wwf.de/erstaunliche-fakten-loewe/
[abgerufen am 07.09.2022]

[37] Tobias Barth (25. Juni 2020) Naturwunder Carcross Desert – Die kleinste Wüste der Welt [online] https://faszination-kanada.com/blog/natur/carcross-desert-die-kleinste-wueste-der-welt/ [abgerufen am 27.08.2022]

[38] Irakkrieg [online] https://de.wikipedia.org/wiki/Irakkrieg [abgerufen am 07.09.2022]

[39] Christentum im Irak [online] https://de.wikipedia.org/wiki/Christentum_im_Irak [abgerufen am 07.09.2022]

[40] Das Phänomen „Islamischer Staat" [online] https://www.bmi.gv.at/magazinfiles/2016/03_04/files/terrorismus.pdf [abgerufen am 06.10.2022]

[41] NPO (24.04.2019) Korallenbleiche - was steckt dahinter? [online] https://www.wissen.de/korallenbleiche-was-steckt-dahinter [abgerufen am 03.09.2022]

[42] Nora Molnar-Hidvegi (April 2010) Witwe und Waise (AT) [online] https://www.bibelwissenschaft.de/wibilex/das-bibellexikon/lexikon/sachwort/anzeigen/details/witwe-und-waise-at/ch/2b68bdb9056e45e13543850ea5271f54/ [abgerufen am 06.10.2022]

[43] Priestertum aller Gläubigen [online] https://www.ekd.de/Priestertum-aller-Glaeubigen-11246.htm [abgerufen am 27.10.2022]

[44] Dogmatische Konstitution über die Kirche – „Lumen gentium" [online] https://www.erzbistum-muenchen.de/cms-media/media-20955720.pdf [abgerufen am 06.10.2022]

[45] Mitgliederentwicklung in den Religionsgemeinschaften [online] https://de.wikipedia.org/wiki/Mitgliederentwicklung_in_den_Religionsgemeinschaften [abgerufen am 06.10.2022]

46 Erdüberlastungstag Menschheit verbraucht „1,74 Erden" (27.09.2021) [online] https://www.tagesschau.de/inland/erdueberlastungstag-ressourcen-101.html [abgerufen am 06.10.2022]

47 Folgen der Dürre : Werden Brot und Brötchen bald teurer? (24.08.2018) [online] https://www.faz.net/aktuell/rhein-main/duerre-koennte-zum-preisanstieg-von-brot-fuehren-15753362.html [abgerufen am 01.09.2022]

48 Barbara Berner (30.05.2022): Rapsanbau Die Bauern und das Speiseöl-Problem [online] https://www.tagesschau.de/wirtschaft/weltwirtschaft/speiseoel-raps-knappheit-101.html [abgerufen am 06.10.2022]

49 Berit Breitsamer und Anne-Lena SchugAnne-Lena Schug (04.04.2022) Biogas und Fleisch: Reicht dafür unsere Ackerfläche? [online] https://www.br.de/nachrichten/wissen/biogas-und-fleisch-reicht-dafuer-unsere-ackerflaeche,T1w2PqI [abgerufen am 06.10.2022]

50 Vegetarisch werden alle satt (09.10.2020) https://www.mdr.de/wissen/mensch-alltag/zehn-milliarden-menschen-ernaehren-100.html [abgerufen am 06.10.2022]

51 Stefan Parsch (27.03.2018) Wenn alle Veganer wären, bekäme man viel mehr Menschen satt [online] https://www.welt.de/wissenschaft/article174932174/Mit-veganer-Ernaehrung-bekaeme-man-viel-mehr-Menschen-satt.html [abgerufen am 06.10.2022]

52 Sebastian Hölzle (09.09.2021) 320 Millionen Tonnen im Jahr: Weltweit steigt der Appetit auf Fleisch [online] https://www.merkur.de/wirtschaft/weltweit-steigt-der-appetit-auf-fleisch-90968073.html [abgerufen am 06.10.2022]

53 sti/as (24.08.2018) Waldbrände in Brandenburg noch nicht unter Kontrolle [online] https://www.dw.com/de/waldbr%C3%A4nde-in-brandenburg-noch-nicht-unter-kontrolle/a-45202957 [abgerufen am 06.10.2022]

[54] Christoph Strack (13.01.2021) Auch wegen Corona: Weltweit wachsende Christenverfolgung [online] https://www.dw.com/de/auch-wegen-corona-weltweit-wachsende-christenverfolgung/a-56195156 [abgerufen am 06.10.2022]

[55] Daniela Noack (25.08.2018) IDOLE – Der Wunsch, über sich selbst hinauszuwachsen [online] https://www.morgenpost.de/familie/article215158855/Der-Wunsch-ueber-sich-selbst-hinauszuwachsen.html [abgerufen am 28.08.2022]

[56] Ulrike Aldebert (16.10.2019) Was das Wort „heilig" bedeutet [online] https://www.sonntagsblatt.de/artikel/glaube/was-das-wort-heilig-bedeutet [abgerufen am 06.10.2022]

[57] Vegetarisch werden alle satt (09.10.2020) [online] https://www.mdr.de/wissen/mensch-alltag/zehn-milliarden-menschen-ernaehren-100.html [abgerufen am 27.12.2022]

[58] Dagmar Dehmer (14.03.2016) Flüchtlingskrise: „Von 14 Dollar im Monat kann keine Familie überleben" [online] https://www.tagesspiegel.de/politik/von-14-dollar-im-monat-kann-keine-familie-uberleben-3706555.html [abgerufen am 18.10.2022]

[59] Flüchtlingskrise in Europa 2015/2016 [online] https://de.wikipedia.org/wiki/Fl%C3%BCchtlingskrise_in_Europa_2015/2016#Fluchtursachen_und_Umgang_in_den_Ursprungsl%C3%A4ndern_mit_der_Krise [abgerufen am 06.10.2022]

[60] Katrin Gänsler (24.08.2018) Die Angst vor der Dürre [online] https://www.domradio.de/artikel/58-millionen-menschen-der-sahelzone-brauchen-hilfe [abgerufen am 06.10.2022]

[61] Neolithische Revolution [online] https://de.wikipedia.org/wiki/Neolithische_Revolution [abgerufen am 06.10.2022]

[62] Christian Frey (17.08.2015) Gefoltert, erschlagen, in die Grube geworfen [online] https://www.welt.de/geschichte/article145318008/ Gefoltert-erschlagen-in-die-Grube-geworfen.html [abgerufen am 06.10.2022]

[63] Philipp Sandner (05.05.2018) Westafrika: Fulani-Konflikt spitzt sich zu [online] https://www.dw.com/de/westafrika-fulani-konflikt-spitzt-sich-zu/a-43660657 [abgerufen am 06.10.2022]

[64] Stefan Kammerer (Februar 2006) Musik / Musikinstrumente [online] https://www.bibelwissenschaft.de/wibilex/das-bibellexikon/lexikon/sachwort/anzeigen/details/musik-musikinstrumente/ch/5f8a4dce528957bd57535447e55 b8e56/ [abgerufen am 07.10.2022]

[65] Simone Paganini, Annett Giercke-Ungermann (Mai 2013) Zion / Zionstheologie [online] https://www.bibelwissenschaft.de/wibilex/das-bibellexikon/lexikon/sachwort/anzeigen/details/zion-zionstheologie/ch/b2703a73e9538d49009d5c8dad0d0 6d3/ [abgerufen am 07.10.2022]

[66] Andrea Schorsch (31.03.2011): Die Steinzeit passte besser - Mensch lebt nicht mehr artgerecht [online] https://www.n-tv.de/wissen/Mensch-lebt-nicht-mehr-artgerecht-article2956596.html [abgerufen am 30.08.2022].

[67] Angelika Prauss (25.07.2005): Die Heiligen von Sancta Colonia [online] https://www.ksta.de/die-heiligen-von-sancta-colonia-13686398?cb=1658938856544& [abgerufen am 30.08.2022]

[68] Liste der höchsten Bauwerke ihrer Zeit [online] https://de.wikipedia.org/wiki/Liste_der_h %C3%B6chsten_Bauwerke_ihrer_Zeit [abgerufen am 30.08.2022]

[69] 11 Kölner Besonderheiten: Das ist typisch Kölsch! Kölner Karneval [online] https://www.koeln.de/tourismus/11-koelner-besonderheiten-das-ist-typisch-koelsch_typisch-koelsch-koelner-karneval_L1189399_1189249.html [abgerufen am 30.08.2022].

[70] Kölner Bucht [online] https://de.wikipedia.org/wiki/K%C3%B6lner_Bucht [abgerufen am 30.08.2022].

[71] Ayhan Demirci (25.10.20) Kölner Trümmerberge - Das grüne Erbe des Krieges [online] https://www.ksta.de/koeln/koelner-truemmerberge-das-gruene-erbe-des-krieges-37535090 [abgerufen am 17.10.2022]

[72] Jan-Ole Kuhfuß (21.07.2020) Was ist eine Cloud? - Einfach erklärt [online] https://praxistipps.chip.de/was-ist-eine-cloud-einfach-erklaert_41255 [abgerufen am 30.08.2022].

[73] Firewall [online] https://de.wikipedia.org/wiki/Firewall [abgerufen am 30.08.2022].

[74] Sicherheitsbehörden warnen vor europaweitem Blackout (24.08.2018) [online] https://www.fr.de/kultur/sicherheitsbehoerden-warnen-europaweitem-blackout-10964710.html [abgerufen am 30.08.2022].

[75] Trojanisches Pferd (Computerprogramm) [online] https://de.wikipedia.org/wiki/Trojanisches_Pferd_(Computerprogramm) [abgerufen am 07.10.2022]

[76] Ferdinand Vögele (22.3.2022) Hackerattacken auf kritische Infrastruktur: Wie sicher sind wir in Deutschland vor Cyber-Angriffen? [online] https://www.swr3.de/aktuell/nachrichten/wie-sicher-in-deutschland-vor-cyberangriffen-100.html [abgerufen am 30.08.2022]

[77] Multinationale Übung - Locked Shields 2022 [online] https://www.bundeswehr.de/de/organisation/cyber-und-informationsraum/uebungen/gesamtstaatliche-cyber-sicherheit/locked-shields [abgerufen am 28.12.2022]

[78] Mitgliedstaaten veröffentlichen Bericht über EU-weit koordinierte Risikobewertung von 5G-Netzen (09.10.2019) [online] https://ec.europa.eu/commission/presscorner/detail/de/IP_19_6049 [abgerufen am 30.08.2022]

[79] Sinje Stadtlich (17.07.2020) Evangelikale in den USA – Trump, der „Gesalbte Gottes" [online] https://www.deutschlandfunk.de/evangelikale-in-den-usa-trump-der-gesalbte-gottes-100.html [abgerufen am 31.08.2022]

[80] Boris Reitschuster im Gespräch mit Thielko Grieß (09.04.2015) Russisch-orthodoxe Kirche – Putins Propagandaabteilung [online] https://www.deutschlandfunk.de/russisch-orthodoxe-kirche-putins-propagandaabteilung-100.html [abgerufen am 31.08.2022]

[81] Völkermord in Ruanda [online] https://de.wikipedia.org/wiki/V%C3%B6lkermord_in_Ruanda [abgerufen am 31.08.2022]

[82] Jürgen Stryjak 30.06.2018) Bürgerkrieg im Südsudan – Ein Friedensplan mit Fragezeichen [online] https://www.deutschlandfunk.de/buergerkrieg-im-suedsudan-ein-friedensplan-mit-fragezeichen-100.html [abgerufen am 31.08.2022]

[83] Taiping-Aufstand [online] https://de.wikipedia.org/wiki/Taiping-Aufstand [abgerufen am 31.08.2022]

[84] Benita Wintermantel (25.07.2022) Unsere Ressourcen sind aufgebraucht: Earth Overshoot Day ist am 28. Juli [online] https://www.oekotest.de/freizeit-technik/Unsere-Ressourcen-sind-aufgebraucht-Earth-Overshoot-Day-ist-am-28-Juli-_11419_1.html [abgerufen am 31.08.2022]

[85] Country Overshoot Days [online] https://www.overshootday.org/newsroom/country-overshoot-days/ [abgerufen am 31.08.2022]

[86] Ulrike Nagengast (Febr. 2022): Kalenderrechnung, christliche [online] https://www.bibelwissenschaft.de/wirelex/das-wissenschaftlich-religionspaedagogische-lexikon/wirelex/sachwort/anzeigen/details/kalenderrechnung-christliche/ch/ab9cbd4e9c23894bef7ab7dd174fa11f/ [abgerufen am 19.10.2022]

[87] Dr. Markus Sasse: Mission - biblische und historische Betrachtungen [online] https://rfb.bildung-rp.de/fileadmin/user_upload/rfb.bildung-rp.de/Evangelische_Religion/Sasse/Materialien/Mission_Pfarrerblatt.pdf [abgerufen am 31.08.2022]

[88] Christoph Schulz (20.04.2021) Sind Menschen Fleischfresser, Alles- oder Pflanzenfresser? 10 Gründe, warum wir Menschen keine Karnivoren sind [online] https://www.careelite.de/sind-menschen-fleischfresser/ [abgerufen am 08.10.2022]

[89] Noach [online] https://de.wikipedia.org/wiki/Noach [abgerufen am 31.08.2022]

[90] Jannis Carmesin / Mathias Tertilt (24. Februar 2021) Wann wir endlich … unseren Strom zu 100 Prozent aus erneuerbaren Quellen beziehen [online] https://www.quarks.de/technik/energie/wann-wir-endlich-unseren-strom-zu-100-prozent-aus-erneuerbaren-quellen-beziehen/ [abgerufen am 31.08.2022]

[91] Abkommen mit Bahrain und VAE – Israels Beziehungen mit arabischen Staaten (16.09.2020) [online] https://www.deutschlandfunk.de/abkommen-mit-bahrain-und-vae-israels-beziehungen-mit-100.html [abgerufen am 29.12.2022]

[92] Länder – Der nördliche Polarkreis geht durch folgende Länder [online] https://polarkreisportal.de/region/laender [abgerufen am 31.08.2022]

[93] Adam und Eva [online] https://de.wikipedia.org/wiki/Adam_und_Eva [abgerufen am 08.10.2022]

[94] Homo Sapiens – Erst langsam, dann immer schneller: Video zeigt, wie wir 7 Milliarden wurden (15.11.2016) [online] https://www.tagblatt.ch/leben/erst-langsam-dann-immer-schneller-video-zeigt-wie-wir-7-milliarden-wurden-ld.1594095 [abgerufen am 08.10.2022]

[95] Weltbevölkerung [online] https://de.wikipedia.org/wiki/Weltbev%C3%B6lkerung [abgerufen am 31.08.2022]

[96] Der Vorname Jahwe [online] https://vornamen.blog/Jahwe [abgerufen am 08.10.2022]

[97] Holger Zschäpitz (24.08.2018) Putin sagt sich vom Dollar-Diktat los. [online] https://www.welt.de/print/die_welt/finanzen/article181286582/Putin-sagt-sich-vom-Dollar-Diktat-los.html [abgerufen am 01.09.2022]

[98] Was war am 24. August 2018 [online] https://chroniknet.de/extra/was-war-am/?ereignisdatum=24.8.2018 [abgerufen am 07.09.2022].

[99] Folgen der Dürre: Werden Brot und Brötchen bald teurer? (24.08.2018) [online] https://www.faz.net/aktuell/rhein-main/duerre-koennte-zum-preisanstieg-von-brot-fuehren-15753362.html [abgerufen am 01.09.2022]

[100] Carsten Hoefer - dpa/chs (08.01.2019) Naturkatastrophen und Schäden - 2018 gab es die schwersten Waldbrände der Geschichte [online] https://www.spiegel.de/wissenschaft/mensch/naturkatastrophen-2018-gab-es-die-schwersten-waldbraende-aller-zeiten-a-1246975.html [abgerufen am 01.09.2022]

[101] Manuel Görtz (29.12.2019) Jahresrückblick 2019: Das Jahr der Katastrophen [online] https://www.saarbruecker-zeitung.de/nachrichten/panorama/jahresrueckblick-panorama-2019-das-jahr-der-katastrophen_aid-48049425 [abgerufen am 01.09.2022]

[102] Verena Kern (02.01.2021)
Die Katastrophen neben Corona [online]
https://www.klimareporter.de/gesellschaft/die-katastrophen-neben-corona [abgerufen am 01.09.2022]

[103] Gabriel Wirth (10.01.2022) 2021 war Katastrophen-Rekordjahr - 280 Milliarden Dollar Schäden [online]
https://www.br.de/nachrichten/wirtschaft/2021-war-katastrophen-rekordjahr-280-milliarden-dollar-schaeden,StqRX2N [abgerufen am 01.09.2022]

[104] Reaktionen in Deutschland - „Eklatanter Bruch des Völkerrechts" (24.02.2022) [online]
https://www.tagesschau.de/inland/innenpolitik/reaktionen-deutschland-109.html [abgerufen am 01.09.2022]

[105] Egon Ramms im Gespräch mit Jasper Barenberg (05.05.2018) General: Streitkräfte wieder einsatzfähig machen [online]
https://www.deutschlandfunk.de/bundeswehr-general-streitkraefte-wieder-einsatzfaehig-machen-100.html [abgerufen am 01.09.2022]

[106] J. Cornelis de Vos (April 2006) Herr / Adonaj / Kyrios [online] https://www.bibelwissenschaft.de/wibilex/das-bibellexikon/lexikon/sachwort/anzeigen/details/herr-adonaj-kyrios/ch/9abbf2080b553038798f5a4e8a9031ae/ [abgerufen am 10.12.2022]

[107] Kyrie eleison [online]
https://de.wikipedia.org/wiki/Kyrie_eleison [abgerufen am 10.12.2022]

[108] King James Version [online] https://www.die-bibel.de/bibeln/online-bibeln/lesen/KJV/JOL.3/Joel-3 [abgerufen am 10.12.2022]

[109] Kidrontal [online] https://de.wikipedia.org/wiki/Kidrontal [abgerufen am 01.09.2022]

[110] Deutschlands Sex-Industrie – Das Milliardengeschäft mit der Prostitution (20.05.2020) [online]
https://www.zdf.de/dokumentation/zdfinfo-doku/deutschlands-sex-industrie-prostitution-102.html [abegrufen am: 18.08.2022]

[111] Porno-Statistik: zehn nackte Tatsachen zu Pornografie [online] https://www.tk.de/techniker/magazin/lifestyle/liebe-sex-partnerschaft/mypornme/zehn-nackte-tatsachen-zu-pornografie-2090126?tkcm=ab [abgerufen am 01.09.2022]

[112] Jugoslawienkrieg – Kriege auf dem Balkan in den 1990er Jahren [online] https://osteuropa.lpb-bw.de/jugoslawien-krieg [abgerufen am 09.10.2022]

[113] Krieg in der Ukraine - Militärische Unterstützungsleistungen für die Ukraine (20.12.2022) [online] https://www.bundesregierung.de/breg-de/themen/krieg-in-der-ukraine/lieferungen-ukraine-2054514 [abgerufen am 29.12.2022]

[114] Jürgen Schneider (10.04.2018) Global Ideas – Invasive Arten wie Akazien saugen Südafrika das Wasser ab [online] https://www.dw.com/de/invasive-arten-wie-akazien-saugen-s%C3%BCdafrika-das-wasser-ab/a-43318451 [abgerufen am 09.12.2022]

[115] Stefan Fischer (Febr. 2014) Ewigkeit (AT) [online] https://www.bibelwissenschaft.de/wibilex/das-bibellexikon/lexikon/sachwort/anzeigen/details/ewigkeit-at/ch/56148327f6d1811372232715d584db0c/ [abgerufen am 02.09.2022]

[116] Medizin in Vor- und Frühgeschichte [online] https://de.frwiki.wiki/wiki/M%C3%A9decine_dans_la_Pr%C3%A9histoire_et_la_Protohistoire [abgerufen am 02.09.2022]

[117] Wildtiermärkte sind Brutstätten für Corona-Viren - Zoonosen und Artensterben - Wissen Was (46.042020) [online] https://www.mpg.de/14793666/corona-wissen-was [abgerufen am 09.10.2022]